BIBLIOTHÈQUE SOCIALISTE INTERNATIONALE

I

PRINCIPES SOCIALISTES

PAR

Gabriel DEVILLE

DEUXIÈME ÉDITION

PARIS

V. GIARD ET E. BRIÈRE

LIBRAIRES-ÉDITEURS

16, rue Soufflot, 16

1898

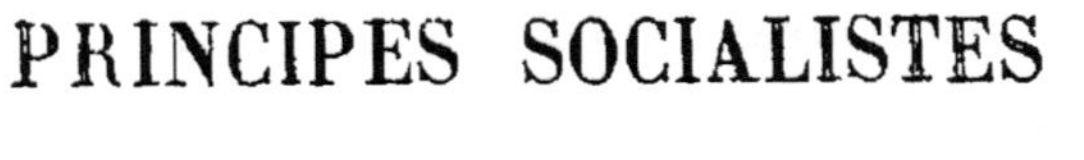# PRINCIPES SOCIALISTES

Du même auteur

Le Capital de Karl Marx *résumé et accompagné d'un Aperçu sur le socialisme scientifique*, 1 vol. in-18, Paris, 1883, E. Flammarion, éditeur.

Cours d'Economie sociale, *l'Evolution du Capital,* cinq brochures : 1º Genèse du capital, 2º Formation du prolétariat, 3º Coopération et manufacture, 4º Machinisme et grandè industrie, 5º Fin du capital. Paris, 1884. Bibliothèque du Parti ouvrier français.

L'Anarchisme, brochure. Paris, 1885. Bibliothèque du Parti ouvrier français.

Philosophie du Socialisme, brochure. Paris, 1886. Bibliothèque du Parti ouvrier français.

Gracchus Babeuf et la Conjuration des Egaux, broch., Zurich, 1887. Librairie du « Vorwärts », Berlin.

La Femme et l'Amour d'après H. de BALZAC. 1 vol. in-18, Paris, 1888. Calmann Lévy, éditeur.

Notes sur le Développement du Langage, brochure. Paris, 1891. J. Maisonneuve, éditeur.

Socialisme et propriété, discours prononcé à la Chambre des députés et publié par la *Petite République.* Paris, 1897.

PRINCIPES SOCIALISTES

PAR

GABRIEL DEVILLE

PARIS

V. GIARD et E. BRIÈRE

LIBRAIRES-ÉDITEURS

16, rue Soufflot, **16**

—

1896

A la Mémoire de MARX et d'ENGELS,

les seuls inspirateurs directs de l'universel mouvement socialiste contemporain, mais dont la théorie, point de départ de la phase actuelle du socialisme, n'a réellement commencé à être affirmée, à être répandue en France qu'après la défaite de la Commune ;

à Jules GUESDE,

qui a été chez nous l'initiateur de la propagation de la théorie marxiste, encore, il est vrai, incomplètement connue, et qui a donné de la précision et de la cohésion aux quelques rares, dont j'étais, marxistes d'intention, mais n'ayant eu, jusqu'à lui, que des tendances ;

à Paul LAFARGUE,

aux articles de qui a été due enfin une connaissance plus complète de la théorie et, par suite, une correction plus grande;

je dédie ce livre.

Car alors même que, parfois aujourd'hui, je différerais avec eux d'idée sur certains points de détail, je n'oublie pas, je n'oublierai jamais ce que je leur dois et ce que je ne dois qu'à eux.

G. D.

PRÉFACE

Certains de nos adversaires se sont plaints
de ne pouvoir trouver l'exposé de nos idées
que dans des brochures éparses. Ces messieurs
veulent pouvoir parler du marxisme sans
lire Marx; c'est une façon bizarre de comprendre la critique, seulement, nous aurions beau
faire, nous ne les changerions pas. A défaut
d'études socialistes faciles à parcourir assez
vite, nos adversaires se copient réciproquement et recherchent, outre les critiques à nous
adresser — ce qui ne serait encore que moitié
mal — l'exposé même de notre théorie, chez
ceux qui l'ont, avant eux, combattue.

Certains de nos amis, eux, n'ont malheureusement pas le temps matériel de lire et d'étudier les œuvres fondamentales de notre socialisme.

A ce double point de vue, j'ai pensé à réunir en volume trois conférences et deux articles dans lesquels j'avais été amené à développer les principales thèses de notre socialisme, du seul socialisme qui compte aujourd'hui parce que, seul, il est réellement vivant, du socialisme dont les données fondamentales ont été établies par Marx. J'ai ajouté, pour corroborer les opinions émises, de nombreuses notes puisées, soit surtout dans Marx et Engels, soit dans les écrits de nos adversaires, et j'en ai toujours scrupuleusement indiqué la source. Ceux — et j'espère que, parmi nos amis du moins, ils seront nombreux — qui ne voudront pas se contenter de la lecture de mon ouvrage, sauront ainsi où ils pourront trouver des explications plus complètes.

Les socialistes n'ont jamais esquivé la critique, ils savent qu'elle contribue à mettre en lumière toutes les faces d'une question dont certaines, sans elle, seraient peut-être restées dans l'ombre. Aussi, loin de les fuir, ont-ils, au contraire, toujours provoqué critique et discussion (1). Mais il y a critique et critique. Il y a, si mal intentionnée qu'elle soit, la critique originale, connaissant et comprenant ce qu'elle critique, et il y a celle qui se borne à rabâcher des arguments cent fois répétés et, la plupart du temps, portant à faux.

Ce dernier genre de critique est le plus fréquemment usité ; quoi d'étonnant, dès lors, à ce que les concurrents provoqués par l'Académie des sciences morales et politiques à partir en campagne contre le socialisme, soient, dans le dernier concours, revenus bredouille, de l'aveu même de leurs juges.

On raconte que je ne sais plus quel religieux en train de méditer dans sa chambre, se vit, tout à coup, entouré de simples têtes munies d'une paire d'ailes. D'après ceux qui s'y connaissent, et il était du nombre, il n'y avait pas le moindre doute à avoir : c'étaient des anges

(1) « Quand une idée, quand un sentiment nouveau apparaissent sous une forme précise au milieu des éléments informes, la discussion, la critique, sont les sculpteurs de cette idée. Elles la moulent aux circonstances. Elles lui donnent cette plastique vivante et, somme toute, son droit de cité dans les cerveaux et dans les faits.... On nous discute, parce que nous vivons ». (Charles Bonnier, *le Devenir social*, décembre 1895, p. 821.)

qui l'honoraient de leur visite. Malgré une surprise fort naturelle, notre homme ne perdit
pas le sentiment des convenances et, leur
montrant poliment des sièges, il engagea ses
célestes visiteurs à s'asseoir.

— Nous voudrions bien, répondirent ceux-
ci, mais nous n'avons pas de quoi.

De même les petits jeunes gens de M. Léon
Say, ils voudraient bien pourfendre socialisme
et socialistes ; il n'y a qu'une difficulté, ils
n'ont pas de quoi, M. Léon Say le déclare
lui-même :

« Il faut l'avouer, a-t-il dit, nous ne sommes
pas encore prêts. La jeunesse libérale est en
retard ; elle ne sait pas suffisamment l'histoire
philosophique et morale des dernières années
et elle n'a pas en mains toutes les armes dont
elle devrait pouvoir disposer » (1).

Parmi les fantaisies favorites, pour le moment, de nos adversaires, je laisserai de côté
le recours à la religion qui devient, de plus en
plus, la tendance manifeste de la plupart d'en-

(1) Séance publique annuelle de l'Académie des
sciences morales et politiques, discours de M. Léon
Say, président. — *Journal des Débats*, éd. rose, supplément. 3me col.. 30 novembre 1895

tre eux (1), et leur niaise obstination à parler de nos « dogmes », comme si nous affirmions sans motiver. A ce propos, avez-vous remarqué que ce sont précisément les défenseurs de la religion qui, lorsqu'ils veulent discréditer les doctrines adverses et, en particulier, le socialisme, ne jugent rien de plus désobligeant que les expressions religieuses, et que, sous leur

(1) « Les philosophes et les économistes bourgeois, à part quelques exceptions, s'appuient sur la providence, les aspirations idéales et la cosmogonie théologique. L'idée théiste est leur ancre de salut quand il s'agit de fournir des justifications théoriques au milieu social actuel et surtout quand il s'agit de descendre à la recherche pratique des baumes à appliquer sur les douleurs et les injustices qu'on ne peut ni nier ni dissimuler ». (L. Bissolati, traduction française de M. Alfred Bonnet, *l'Ere nouvelle*, juin 1894, p. 152.)

« La religion est l'opium du peuple. La suppression de la religion comme bonheur illusoire du peuple est la revendication de son bonheur réel. L'invitation à abandonner les illusions sur sa situation, c'est l'invitation à abandonner une situation qui a besoin d'illusions. La critique de la religion est donc, en germe, la critique de la *vallée des larmes* dont la religion est l'aspect sacré. La critique arrache à la chaîne ses fleurs imaginaires, non pas pour que l'homme porte la chaîne sans consolation et sans fantaisie, mais pour qu'il jette la chaîne et cueille la fleur vivante. » (Karl Marx, « Critique de la philosophie du droit de Hegel », traduction française d'Ed. Fortin, *le Devenir social*, septembre 1895, p. 502.)

b.

plume, les mots : credo, évangile, chapelle, église, pontife, etc., deviennent des termes de suprême dénigrement ?

J'examinerai seulement ici deux arguments qui sont présentement dirigés contre nous par tous nos ennemis et par quelques-uns de ceux qui prétendent ne l'être pas.

I

En France, comme partout à cette heure, le socialisme qui s'impose est le socialisme sorti de la critique économique de Marx. Qu'on le veuille ou non, tout ce qui est socialiste est aujourd'hui à la remorque de la théorie marxiste, même lorsqu'elle est attaquée : pour la critiquer, il faut s'en inspirer. C'est qu'elle ne part d'aucun principe abstrait ; pour base elle a la constatation des faits étudiés sans parti pris dans leur développement historique (1).

(1) « L'on se décida à concevoir le monde réel — la nature et l'histoire — comme il se présente de lui-même à quiconque l'approche sans prévention idéaliste; l'on se décida à sacrifier sans pitié toute marotte idéaliste qui ne s'accorderait pas avec les faits conçus dans leur propre enchaînement et non

Et une théorie qui n'a d'autre ambition que de se confondre le plus complètement possible avec la réalité, qui se confond avec cette réalité aussi complètement que la théorie marxiste, a incontestablement droit à se dire scientifique.

Ce qui fait la force de la doctrine scientifique de Marx, c'est que, dans ses applications comme dans ses affirmations, elle n'est que l'interprétation correcte de la vie sociale envisagée dans ses fondements matériels et dans la diversité de ses manifestations sans en négliger aucune. Et cette doctrine d'un caractère scientifique si indéniable, est admirablement comprise par les masses auxquelles elle a pu et peut être exposée : elle est comprise et admise par elles, parce qu'elle est précisément l'expression de ce qu'elles ont directement constaté autour d'elles, parce qu'elle éclaire ce que d'elles-mêmes obscurément elles concevaient et qu'elle décrit ce que confusément elles ressentent. Elle plonge ainsi ses racines, en même temps qu'au fond de la réalité, dans

plus dans un enchaînement fantastique. Et matérialisme ne veut pas dire autre chose ». (Fr. Engels, étude sur « Ludwig Feuerbach », traduction française de Mme Laura Lafargue, *l'Ère nouvelle*, mai 1894, p. 9.)

les perceptions mêmes et dans les tendances du cerveau populaire (1).

L'universalisation de la doctrine correspond à l'universalisation des faits sur lesquels elle repose ; l'identité des conditions économiques subies entraîne l'identité de pensée.

En face de la merveilleuse grandeur de ce spectacle, une même doctrine, et une doctrine de cette puissance (2), prenant de plus en plus possession des esprits prolétariens dans tous les pays civilisés des deux mondes, il se rencontre des nabots pour glapir qu'elle « n'envisage que le bien-être physique » (3) et qu'elle n'est qu'une « invention allemande » (4).

(1) « Plus la science procède sans crainte et sans arrière-pensée, plus elle se trouve être en accord avec les intérêts et les aspirations des travailleurs. » F. Engels, idem, p. 25.

(2) » Je tiens la théorie de Marx pour la plus grande innovation introduite dans la philosophie depuis plusieurs siècles ; elle marque le point de départ d'une transformation féconde dans le courant de nos spéculations. Toutes nos idées doivent aujourd'hui s'agréger autour des principes nouveaux posés par le socialisme scientifique. » (G. Sorel — *l'Ère nouvelle*, mars 1894, p. 329.)

(3) Discours de M. Henri Barboux au banquet de l'Union libérale. *Journal des Débats*, 16 janvier 1896, 3ᵐᵉ p., 1ʳᵉ col.

(4) Discours de M. Léon Say, idem, 5ᵐᵉ col.

Tels sont les deux points que je veux examiner.

« Le philistin, a écrit Engels (1), par le mot matérialisme, entend la goinfrerie, l'ivrognerie, la paillardise, la soif de l'argent, la cupidité et la lésine, la fabrication du profit et la tricherie à la Bourse, bref, tous les vices crapuleux auxquels lui-même s'adonne en cachette ; par idéalisme il entend la croyance à la vertu, à l'amour de l'humanité et à un meilleur monde en général, choses qu'il pose pour aimer devant le monde » (2). C'est cette façon stupide de

(1) Etude sur « Ludwig Feuerbach », déjà citée, *l'Ere nouvelle*, avril 1894, p. 458.

(2) « Ceux qui maintenaient la primordialité de l'esprit... formèrent le camp de l'idéalisme. Les autres qui considéraient la matière, la nature, comme préexistantes, appartiennent aux différentes écoles du matérialisme. » (Idem, p. 451). Si on prend les mots matérialisme et idéalisme en ce sens, il est parfaitement exact de dire que les marxistes sont matérialistes et non idéalistes.

Mais il n'en est plus de même si on donne au mot matérialisme le sens vulgaire dénoncé ci-dessus par Engels, et au mot idéalisme le sens de « poursuite de buts idéaux ».

« Les influences exercées par le monde extérieur sur l'homme s'impriment dans son cerveau, s'y réfléchissent en guise de sensations, pensées, impulsions, déterminations de la volonté, bref, en « courants idéaux », et sous cette forme deviennent des « puissances idéales ». Si la circonstance qu'un

concevoir les choses qui est utilisée contre le matérialisme historique de Marx (1).

Pour avoir le droit de reprocher à la conception marxiste son étroitesse, on se charge soi-même de la rétrécir. Ainsi opèrent les braves gens, natures éthérées, qui entendent exploiter comme un fonds leur appartenant en propre, l'idéalisme, par eux défini le résumé de toutes les vertus supérieures, et ses dépendances (2).

homme suit des « courants idéaux », et reconnaît l'influence qu'exercent sur lui les « puissances idéales », fait de cet homme un idéaliste, tout homme, développé tant soit peu normalement, est un idéaliste. » Idem, p. 457.

(1) Je tiens à constater que Jaurès a protesté pour son compte contre ces ineptes tentatives d'assimilation (*Revue socialiste*, juin 1894, p. 653 et suiv.), et a pleinement rendu justice à Marx.

(2) Dans un article qui a été le début d'une campagne (*La Revue blanche*, 15 mai 1895), M. Victor Barrucand a écrit :

« Une autre classe de prêcheurs et d'agitateurs se plaît à flatter le peuple et se fait forte de répondre à ses besoins par l'enrégimentation, la statistique et l'organisation du travail ; mais le remède proposé à des maux nombreux, qui ne sont point tous des maux d'estomac, n'est-il pas un peu grossier et vaut-il comme panacée ? » (p. 445.)

Une fois ce coup de férule prétentieusement administré à ceux qui ont la grossièreté de songer aux besoins matériels, aux « maux d'estomac » de la masse, M. Barrucand dit pour son propre compte:

« il semble que l'impérieux problème soit d'abord

Ils montent une garde farouche autour du domaine intellectuel et moral (1), et disent : ceci

celui de vivre » (p. 447). Et sa « panacée » à cet homme qui nous reproche de trop penser à l'estomac, est « la gratuité du pain » !

Ils sont quelques-uns tellement aveuglés par le désir de nous combattre, qu'ils ne s'aperçoivent même pas d'aussi stupéfiantes contradictions.

(1) Je m'explique, dès la première partie de ma conférence « Socialisme, révolution, internationalisme », publiée plus loin, sur le mépris qui nous est gratuitement prêté, de l'intelligence et de son action. En ce qui concerne notre soi-disant incapacité ou répugnance à concevoir une morale, je me bornerai à donner ici quelques extraits d'une remarquable étude de notre ami E. Belfort Bax, dont la traduction française a paru dans la *Revue Socialiste*, juin 1891 :

« Pour arriver à une vue exacte du sujet, il faut nous débarrasser de cette notion préconçue que la société n'est en dernier ressort, qu'une agrégation d'individus ; qu'entre la communauté et cet individu l'antagonisme — ouvert ou latent — est fatal ; que la catégorie individu, enfin, a un sens distinct et séparé de la catégorie communauté ou société. Reconnaître la fausseté de cette conception, c'est admettre en principe la dépendance de la morale, c'est poser en fait que le devoir dérive des conditions matérielles, économiques et sociales, car, dès que la société existe, le sentiment éthique doit exister aussi implicitement, sinon explicitement, le sentiment moral étant, dans la sphère des idées, le corrélatif du fait de l'existence sociale dans la sphère matérielle...

« A l'origine c'est dans la tribu qu'est renfermé le devoir, et l'individu *implicitement* conscient de son insuffisance s'absorbe dans la société parentale, n'a ni souci, ni existence en dehors d'elle. Au point de vue socialiste, c'est la plus haute morale qui ait

est à nous. La bonté, le libéralisme, la largeur d'esprit, la franchise d'allures, le désir sincère d'union et toutes les qualités qui constituent leur monopole, aidant, ils veulent bien,

eu cours dans le monde ; mais, avec la dissolution de la société patriarcale primitive sur sa base familiale, avec le développement de la société politique sur la base de la propriété, l'ancien but moral perdit peu à peu sa raison d'être. Devenu *explicitement* conscient de sa propre insuffisance, l'homme chercha à résoudre la contradiction et à satisfaire son sentiment intime, soit en tournant son attention sur lui-même, avec le but avoué de prendre son intérêt propre pour fin, (cyniques, cyrénaïques, premiers stoïciens et épicuriens), soit en cherchant un idéal extra-individuel, mais aussi extra-humain (derniers stoïciens, néo-platoniciens, gnostiques et chrétiens) ; ainsi dans les deux cas l'homme ne voyait plus son but dans la société, mais en lui-même, considéré au point de vue naturel ou au point de vue spirituel...

« L'éthique du monde patriarcal primitif, était naïvement objective. Celle de la société individualiste est tout aussi naïvement subjective. Mais, à mesure de son déclin, cette subjectivité décroît et l'idée d'une autre perfection commence à poindre. Le spiritualiste s'en aperçoit bien lui-même, puisque — signe caractéristique — il se met sur la défensive en cherchant un sens social à la morale pourtant si personnelle de sa religion. Il sent instinctivement que l'antique sentiment éthique a fait son temps et glisse peu à peu dans le sens opposé ; quoique la forme ancienne semble inaltérée, il voit vaguement que le but moral n'est plus dans la renonciation ou l'apothéose personnelle, ni dans l'abstraction, mais dans l'identification de l'intérêt particulier avec l'intérêt social...

quand ils ont accaparé tout ce qui est à leur convenance, laisser le reste aux autres. En la circonstance, ce reste c'est « le ventre » dont ils entendent faire, bon gré mal gré, l'apanage du marxisme.

« Cette identification de l'individu avec la société ne peut être amenée que par l'identification des conditions matérielles du bien-être individuel avec celles du bien-être social.

« Et cela se conçoit facilement. Avec l'aube d'une nouvelle ère économique, l'ère de la production sociale pour l'usage social, nous verrons aussi poindre une éthique nouvelle, une éthique dont l'idéal n'est ni la sainteté personnelle, ni l'intérêt personnel, mais le bonheur social, et pour laquelle la perfection de l'individu sera toujours subordonnée à celle de la société ; la pierre de touche du caractère personnel sera alors non plus la renonciation dans l'abstrait, mais la possession des qualités sociales et le zèle pour un but social bien défini...

« L'homme nouveau reconnaîtra la voix du devoir soit pour agir, soit pour s'abstenir, uniquement dans les choses qui concerneront la société, toute action sans portée sociale directe lui étant moralement indifférente ».

Dans le socialisme, suivant la constatation « d'un adversaire » rapportée par M. Ferdinand Brunetière (conférence faite à Besançon, *Le Temps*, 5 février 1896, 3e pag., 4e col.) « il y a quelque chose qui résiste à nos critiques. Si les systèmes du socialisme sont ou faux, ou contradictoires, ou utopiques, la morale du socialisme est de beaucoup supérieure à celle de ses adversaires ». Et M. F. Brunetière ajoute pour son propre compte : « ce quelque chose, en admettant que ce ne soit pas précisément la « morale » il faut au moins que ce soit l'« idée ». »

Je les vois ici prendre des airs offusqués et dire : Quelle horreur ! oser suspecter nos intentions, à nous, pauvres innocents, que tout le monde sait en proie à un altruisme chronique ; mais nous ne faisons que répéter, un peu souvent peut-être, ce que Marx et les marxistes eux-mêmes ont dit et, pour que nul n'en ignore, nous avons bien soin de mettre entre guillemets la fameuse phrase « la question sociale est la question du ventre », chaque fois que, par pure sympathie pour les marxistes, nous la rééditons.

C'est là que je les attendais, les bons apôtres : cette phrase n'a jamais été écrite ni par Marx, ni par aucun marxiste. Jamais ni Marx, ni aucun marxiste n'ont soutenu que l'évolution historique avait exclusivement pour cause déterminante, « les soucis matériels » (1).

L'origine de cette déformation systématique

---

(1) On trouve seulement dans Schaffle (*la Quintessence du socialisme*, traduction française de Malon, Paris, 1880, chap. I, p. 16) que certains croient souvent, à tort, être un de nos théoriciens, alors qu'il est un de nos adversaires, la phrase suivante écrite par lui comme appréciation personnelle du socialisme ou de la question sociale : « Il est hors de doute qu'il s'agit ici d'une question économique ; c'est du moins en premier lieu une *question d'estomac* ».

du marxisme est imputable à Malon qui a, le premier, abusé — je vais en fournir la preuve dans un instant — d'une expression de Guesde. La plupart de ceux qui ont emboîté le pas à Malon, seraient bien empêchés de dire d'où provient la phrase, l'unique phrase, qu'ils nous attribuent pour en faire le pivot de notre théorie.

Dans son numéro du 22 juillet 1881, *le Citoyen de Paris* publiait, sous le titre — étranger, on voudra bien le reconnaître, à la philosophie de l'histoire — « candidature ouvrière et candidature de classe », un article de Guesde en réponse à une lettre d'un ami de Malon, M. F. Didelot, qui soutenait la thèse manueliste en matière électorale; c'est-à-dire que, d'après lui, devaient être seuls candidats les travailleurs manuels à l'exclusion des autres membres du parti.

Guesde, dans son article, reproduit textuellement tous les arguments de son adversaire et y répond successivement. Arrivé à celui-ci : « nous n'aurions ainsi que des dévouements réels et les transfuges désintéressés de la bourgeoisie », Guesde écrit avant de passer à un autre.

« Soit. Mais s'il ne nous faut dans nos rangs que des *désintéressements*, il ne nous reste qu'à licencier notre parti, qui ne repose que sur des intérêts à satisfaire, qui se vante d'être le *parti du ventre* et ne fait appel qu'à l'intérêt des prolétaires pour les jeter à l'assaut de la propriété bourgeoise ! »

C'est tout. Il n'y a pas dans l'article de Guesde un mot de plus sur le « ventre » et il n'y a pas eu d'autre article où ce mot ait figuré en pareil cas. Malon le savait mieux que personne ; car, lorsqu'on le poussait sur ce point dans ses derniers retranchements, c'était finalement cette citation qu'il sortait ou faisait sortir. Et voici comment je répondais à cette exhibition dans le *Socialiste* du 26 novembre 1887 :

« Cette phrase d'un article de polémique courante impliquerait tout au plus que le parti marxiste pousse les prolétaires à vouloir avant tout la satisfaction de leur ventre ; mais, ni de près ni de loin, elle ne fait allusion à l'évolution humaine et à ses causes.

« Quand un général dresse un plan de campagne, il doit se préoccuper d'appliquer les résultats acquis de la science stratégique

aux conditions dans lesquelles il se trouve ;
ses combinaisons tactiques une fois arrêtées,
ce n'est pas en leur en exposant le bien fondé
qu'il excitera ses troupes au combat, il parlera
à ses soldats de ce qui peut, à son avis, les
toucher directement (1) et, qu'il ait tort ou
raison de faire vibrer telle ou telle corde, cela
est absolument distinct des principes théoriques qui ont motivé son plan et ne saurait
en rien infirmer leur valeur.

« De même ici : par son étude scientifique
du développement humain, le marxisme est
arrivé à une conception sociale concordant
avec le milieu existant ; dès qu'il s'agit d'engager la masse ouvrière à réaliser cette conception, il se sert non des constatations par
lui faites sur la marche de l'humanité, mais

(1) Qu'on se rappelle, entre tant d'autres du même
genre, la fameuse proclamation de celui qui n'était
encore que le général Bonaparte, au début de la
campagne d'Italie :
« Soldats, vous êtes mal nourris et presque nus.
Le gouvernement vous doit beaucoup, il ne peut
rien pour vous. Votre patience, votre courage vous
honorent, mais ne vous procurent ni avantage ni
gloire. Je vais vous conduire dans les plus fertiles
plaines du monde, vous y trouverez de grandes
villes et de riches provinces, vous y trouverez honneur, gloire et richesses. Soldats d'Italie, manque-
riez-vous de courage ? »

de ce qui lui paraît apte à intéresser cette masse. Pas plus dans ce cas que dans le précédent, il ne faut confondre les mobiles mis en jeu pour atteindre un but, avec l'argumentation scientifique qui a préalablement précisé le but à atteindre. Or, il n'y a dans la phrase reproduite plus haut, que l'indication du mobile jugé de nature à avoir action sur la masse à mouvoir. »

J'ajoutais enfin que cette phrase « aurait dû être, au pis aller, présentée comme l'opinion particulière d'un marxiste et non comme une thèse du marxisme ».

Malon n'en persista pas moins à faire, et surtout à faire faire, un usage abusif de l'expression de Guesde, à travestir et l'expression elle-même et l'idée de son auteur, ainsi que la chose est incontestable pour tous quand on a l'original sous les yeux.

C'est que Malon, dont la valeur et l'action ont été et sont encore absolument surfaites, a toujours voulu, dédaigneux du rôle qu'il aurait pu convenablement remplir, éternuer plus haut que le nez. Il pouvait être un bon vulgarisateur, ce qui est déjà beaucoup ; il tint par-dessus tout à être chef d'école. N'é-

tant pas de taille à s'attaquer à la critique économique de Marx, il se rabattit sur ce qui
prêtait à la phraséologie et donna n'importe
comment, en l'absence d'un prétexte sérieux,
une entorse au marxisme, pour avoir l'occasion de le redresser : il fît un sort à tous les
termes pédants, aux mots rébarbatifs qu'avec
beaucoup de chance on rencontre normalement une fois tous les dix ans, découvrit
plusieurs fois l'Amérique avec une satisfaction d'orgueil toujours nouvelle, et saupoudra
le tout d'un extraordinaire latin. Le résultat
a été la confection d'un socialisme bon tout
au plus pour les francs-maçons et les spirites.

Je ne sais rien de plus burlesque que la prétention de Malon de « compléter » Marx. Le
soi-disant complément apporté par lui à
l'œuvre de Marx est aussi monstrueux que la
ceinture herniaire dont les bandagistes ont
l'odieuse manie d'affubler, sans l'ombre d'un
motif, telle ou telle réduction d'un chef-d'œuvre
de la statuaire antique. Quant à moi, je ré-
cuse l'autorité de Malon en toute matière et,
à qui nous oppose sa « philosophie », je crie-
rais volontiers : « Seigneur, éloignez de moi
ce calice ! »

Et puisque — en dehors de toute provocation de notre part — on n'hésite pas à retourner contre nous de vieilles citations, on admettra bien que j'use, à l'égard de Malon, du même procédé bien que je me fusse refusé à en prendre l'initiative.

Qu'on ouvre son « Exposé des écoles socialistes françaises » (1), et on verra apparaître un Malon antisentimentaliste. Le spectacle est curieux.

Page V de l'avant-propos on peut lire :

« Une génération socialiste qui a tant travaillé à la propagande des idées sociales et à l'organisation des forces ouvrières, « qui a brisé avec le sentimentalisme, si cher aux souffrants, pour adopter la pensée scientifique de la seconde moitié du XIXe siècle », qui a donné tant d'efforts et tant de sang pour la justice, cette génération, malgré ses défauts, malgré ses insuffisances, malgré sa défaite, peut se rendre le témoignage d'avoir rempli sa tâche, et les hommes justes ne le lui contesteront pas. Vive l'avenir ! »

Plus loin (p. 191), dans l'étude sur Proudhon, on trouve :

(1) Un vo'. in-18, Le Chevalier, éditeur; Paris, 1872.

« Grâce à lui, le socialisme empirique a été forcé de se dépouiller du « clinquant sentimentaliste », d'observer les faits, de procéder par démonstrations et de s'appuyer sur des réalités, en un mot, de devenir scientifique. »

Que ne pourrait-on tirer contre Malon de ces deux citations si, suivant son procédé peu loyal contre nous, on s'en tenait obstinément à elles, en se refusant à connaître les explications, ou même les évolutions comme c'est le cas pour lui, qui se sont produites par la suite ?

J'espère que les amis de Malon qui parlent très librement de Marx — ce dont je suis loin de leur contester le droit — qui, peut-être par simple confiance dans les affirmations de leur maître, persistent à se servir d'un mot dénaturé pour fausser la théorie marxiste, ne seront pas surpris que la patience ait fini par échapper à l'un des partisans de cette théorie. On n'a pas voulu comprendre notre long silence : sans nous en savoir le moindre gré, on en a plutôt abusé, mais il y a un terme à tout. Sous peine de paraître acquiescer à une campagne mal fondée et peu respectable, il était de notre devoir, à la fin, de dire une partie de la vérité sur Malon et sur son œuvre.

Laissant de côté Malon et le « ventre », je passe au second grief.

II

Ici — une fois n'est pas coutume — le reproche adressé aux socialistes français repose sur un fait exact. Oui, nous sommes marxistes, oui Marx était d'origine allemande et Engels également ; nous ne contestons pas ces faits, nous n'avons jamais songé à les contester ni à les cacher.

Persuadé que ce qui doit être considéré dans une idée, c'est uniquement sa valeur propre, et que, pour la juger, il ne saurait être question que de savoir si elle est vraie ou non, sans s'inquiéter de la nationalité du premier qui l'a émise, je ne discuterai pas l'accusation en elle-même : c'est une sottise indigne de toute discussion. Mais je veux montrer, par quelques exemples, ce que sont, ce que font, ou ce que disent les gens qui, préoccupés de déterminer, en dehors de toute raison valable et au prix même d'une infamie, une impression défavorable au socialisme, suivent au pied de la lettre le conseil de M. Joseph Chailley-Bert, et le combattent « par tous les moyens, même par les pires » (1).

Parmi ceux qui affectent de qualifier notre socialisme d' « allemand », il en est qui sont les adorateurs de l'allemand Richard Wagner, d'autres ont porté aux nues l'allemand Schopenhauer, certains sont les disciples de l'allemand Kant.

N'est-il pas désopilant de voir les amis du fils d'allemand Joseph Reinach et les complices de son immonde beau-père, nous faire un crime de la nationalité de Marx ? Et ne serait-il pas de bonne guerre, s'ils s'obstinent à jouer ce jeu-là, de les suivre sur ce terrain, et de prendre à notre tour l'habitude d'accoler le nom de tous ceux qui font partie de la clique opportuniste et centre-gauchère, et la qualification d'ami ou de coreligionnaire politique du fils d'allemand Joseph Reinach, sans négliger le souvenir du beau-père, bon patriote et honnête homme s'il en fût ?

(1) Voir ci-après, p. 13, note.

Il paraît que ce qui est interdit aux socialistes pour les idées socialistes, est très louable chez les capitalistes pour les produits commerciaux, dès qu'il s'agit de gagner de l'argent. Il y a un an, on pouvait, en effet, lire dans une « lettre de Berlin », du *Journal des Débats* (1) :

« La nouvelle de l'élection de M. Félix Faure a été très favorablement accueillie..... C'est surtout à Hambourg, où M. Félix Faure est très connu, que son élection a causé une réelle satisfaction. Le nouveau Président a su, en effet, se concilier les sympathies du haut commerce hambourgeois par sa courtoisie ainsi que par sa correction en affaires. On lui sait gré aussi d'avoir été *un des premiers négociants havrais qui aient, après la guerre de 1870, renoué des relations commerciales avec Hambourg.* »

Ah ! les socialistes français ont tort d'approuver une théorie dont l'initiateur était allemand. Eh bien ! mais, que font donc les antisocialistes ? Ils traduisent contre nous les inepties de l'allemand Eugène Richter et,

(1) Éd. rose, 23 janvier 1895, 1re page.

dans la préface de la brochure, M. Paul Leroy-Beaulieu écrit (1) :

« On nous a demandé de la présenter au
public français qui, lui aussi, commence à
être atteint de l'infection socialiste.

« Nous sommes heureux d'associer, en cette
circonstance, notre nom à celui du chef des
libéraux allemands. »

Le même M. Paul Leroy-Beaulieu écrit
l'année suivante (2) :

« On peut essayer de fonder en France des
banques comme les banques Raiffeisen, qui
ont eu tant de succès en Allemagne. »

Un mois après, il revient sur cette imitation, recommandable celle-là, de quelque
chose d'allemand, et il dit (3) :

« Il est très louable et très utile que l'on
s'occupe en France de constituer le crédit populaire et le crédit agricole. On peut obtenir,
dans ce domaine, des résultats ; « l'exemple de
l'étranger » est là pour le montrer. Le nom de
Schulze-Delitzsch, le fondateur, il y a qua-
rante-six ans, des banques populaires alle-

(1) *Journal des Débats*, 2 août 1892.
(2) *Idem*, éd. blanche, 30 novembre 1893.
(3) *Idem*, éd. blanche, 31 décembre 1893.

mandes, est aujourd'hui connu de tous les hommes qui, en Europe, se sont mêlés, même superficiellement, des questions économiques et sociales.

« Pour être moins éclatant, le nom de Raiffeisen, qui institua, il y a également plus de quarante années, les banques pour les cultivateurs pauvres des bords du Rhin et de la Souabe, lesquelles sont maintenant très répandues, non seulement dans l'Allemagne du Sud, mais en Autriche et en Hongrie, jouit aussi d'une notoriété très étendue et est entouré du « respect » de tous les hommes éclairés. Les noms enfin de Luzzati, Vigano, Wolemborg, les apôtres de la même œuvre en Italie, sont cités avec honneur dans tous les traités sur le crédit et ses applications populaires....

« *Il est naturel et légitime que l'on tâche d'implanter en France des institutions de même nature....*

« Des hommes dévoués... en France... veulent imiter Schulze-Delitzsch et Raiffeisen ; l'on doit applaudir à leurs efforts, les faire connaître et en souhaiter le succès. »

Au mois de mai 1895, il y a eu un Congrès

agricole à Nîmes, et le *Journal des Débats* a publié le compte rendu suivant (1) :

« A l'ouverture de la séance, M. Rostand, président, souhaite la bienvenue à M. Hantschke, secrétaire de la Fédération générale coopérative allemande, et l'invite à prendre place au bureau.

« Les résolutions et les vœux suivants sont adoptés :

« Un vœu de MM. Rostand et Georges Maurin, tendant à ce que les syndicats agricoles s'inspirent, pour la fondation de Sociétés de crédit, des principes de l'Union des Sociétés agricoles allemandes....

« On donne lecture d'une lettre du ministre du commerce, qui adresse au Congrès de vifs remerciements pour le témoignage de sympathie qu'il a reçu, et ses meilleurs vœux pour l'utilité des travaux.

« Dans son discours, prononcé en allemand, M. Hantschke traite de la coopération en Allemagne en matière de crédit, et établit la supériorité des caisses Schulze-Delitzsch....

« Le Congrès, à cet effet, remercie M.

(1) Ed. rose, 14 mai 1895, 4ᵉ page, « dernière heure ».

Hantschke de ses communications et *envoie à
la Fédération allemande l'assurance de ses
sentiments d'admiration pour l'immense développement, ... etc.* »

Je sais ce que Liebknecht et ses amis pensent du démembrement de la France en
1871 (1), je le sais d'autant mieux qu'ils l'ont,
à maintes reprises, dit publiquement ; je serais curieux de savoir ce qu'en pensent l'hôte
de MM. Rostand et Cie, les membres de cette
« Fédération allemande », M. Eugène Richter,

(1) « *Saint-Sedan*, contre lequel protestent les dé-
mocrates *avec une audace très courageuse*..... » (*Le
Figaro*, lettre d'Allemagne, 2e page, 3 septembre
1895).

« Les socialistes allemands ont été d'accord avec
eux-mêmes en faisant à la fête de Sedan l'opposition
que l'on sait : au Reichstag, depuis vingt-cinq ans,
ils n'ont laissé passer aucune occasion de protester
contre le militarisme et tout ce qui pouvait entretenir en Allemagne l'esprit militaire ; leurs jour-
naux ont sans cesse prêché la même doctrine. On
ne saurait donc s'étonner qu'ils se soient abstenus
cette fois. » (*Journal des Débats*, éd. rose, bulletin,
4 septembre 1895.)

« Les chefs socialistes, leur presse et leurs lieu-
tenants, à tous les degrés, ont cherché à organiser
la grève de l'enthousiasme populaire et à dégager
le parti de toute solidarité avec les manifestations
que le gouvernement considérait comme une affirmation nécessaire de l'esprit national. » (*Le Temps*,
bulletin, 5 septembre 1895.)

ou encore le « grand industriel de Dresde »,
que M. Joseph Chailley-Bert a offert en exemple à nos patrons, et avec qui il a promené,
bu et chanté (1). Je serais curieux, enfin, de
savoir ce qu'en pensait Schulze-Delitzsch,
mort en 1883.

Tous ceux qui, dans le monde savant, s'oc-
cupent aujourd'hui des expériences ou des applications possibles de la photographie à tra-
vers des corps opaques, sont à la remorque
d'un allemand, M. Rœntgen.

Enfin, tous les catholiques français acceptent pour chef suprême, pour directeur souverain de leur conscience, un Italien.

Un chroniqueur du *Journal des Débats* (2)
engageant, l'an dernier, les parents français à
confier, pendant les vacances, leurs enfants à
un professeur français qui les mène en Allemagne, où il leur adjoint de jeunes Allemands,
faisait l'observation suivante : « J'espère que
personne n'aura l'idée de voir, dans ce rap-
prochement autour d'une même table d'éco-
liers de races différentes, une intention blâmable, et, comme disent les échauffés, « un

(1) *Journal des Débats*. éd. rose, 13 juin 1895.
(2) Éd. rose, 19 juin 1895.

crime de lèse-patrie ». Il faudrait, à mon humble avis, être affligé d'un chauvinisme bien étroit et bien ombrageux pour faire les grands bras et pour jeter les hauts cris à cette occasion. »

Et pourquoi les explosions factices d'un semblable chauvinisme seraient-elles excusables contre le fait d'accepter d'un Allemand une idée qui semble juste ? Et pourquoi ce même fait serait-il coupable de la part des socialistes, quand on l'approuve, nous l'avons vu, en matière d'antisocialisme, de religion, de science et d'art par exemple ? Pourquoi ne serait-on pas en droit de dire, pour toutes les manifestations de l'intelligence, ce que le *Temps* disait pour l'art à propos de Verdi (1) :

« La haute distinction dont vient d'être honoré Verdi était, d'avance, désirée et ratifiée par tous les Français qui veulent maintenir à leur patrie son juste renom de nation hospitalière et compréhensive entre toutes....

« Les spectateurs qui ont applaudi *Othello* et ses admirables interprètes, applaudissaient de plus grand cœur encore le vieux composi-

____

(1) *Le Temps,* 14 octobre 1894, 1ʳᵉ page.

teur *malgré les circonstances changeantes où l'art éternel et supérieur aux frontières ne saurait jamais être compromis.* »

Avant de conclure, je rapporterai les réflexions du *Journal des Débats* (1) au sujet de la nouvelle revue internationale, *Cosmopolis*, ouverte aux écrivains allemands :

« Et ne réalisât-elle pas d'ailleurs toutes les espérances qu'on est en droit de fonder sur sa publication, elle vaudrait encore d'être signalée comme un indice de cette incontestable propension des peuples modernes à mettre, pour ainsi dire, en commun leurs idées, leurs sentiments et leurs aspirations. Par une contradiction au moins étrange, il semble, en effet, que les principales nations du globe, à mesure qu'elles élèvent plus haut les barrières politiques, économiques et militaires qui les séparent, *s'efforcent de supprimer leurs frontières intellectuelles et cherchent de plus en plus, à établir une sorte d'internationalisme de la pensée.* »

La cause, je crois, est entendue. Il faudra maintenant à nos adversaires quelque audace

(1) Ed. blanche, 20 décembre 1895.

pour oser nous reprocher notre adhésion à la théorie d'un Allemand. En tout cas, nos amis auront des armes pour riposter.

Les socialistes doivent pouvoir répondre victorieusement à toutes les attaques. Il ne serait pas digne d'eux d'entamer certaines discussions, mais ils n'ont à en redouter aucune, et il leur faut suivre leurs ennemis sur tous les terrains. Tant pis pour ceux qui sont allés chercher des verges pour se faire fouetter; ils n'ont, pour le passé et le présent, à s'en prendre qu'à eux-mêmes; ils n'auront, pour le futur, qu'à devenir plus circonspects.

GABRIEL DEVILLE.

Paris, le 5 février 1896.

SOCIALISME

RÉVOLUTION, INTERNATIONALISME [1]

I

Socialisme, révolution, internationalisme, tels sont les trois points sur lesquels je vous demande la permission de dire ce que, sans avoir la moindre prétention à être infaillible, je crois être la vérité. Au risque de ne vous rien dire de neuf, je ne chercherai qu'à être vrai. Ceux qui reprochent aux socialistes de répéter toujours la même chose, ont sans doute l'habitude d'accommoder la vérité à leur goût du changement. D'un autre côté, parler du socialisme c'est faire comme tout le monde à cette heure, mais je vous en parlerai en socialiste et — malheureusement — ce n'est pas encore aussi commun.

Ce qui caractérise par-dessus tout le socialisme moderne, c'est qu'il sort directement des faits. Loin de reposer sur des jugements imaginaires, d'être une aperception plus ou moins utopique d'une société idéale, le socialisme n'est aujourd'hui que l'expression théorique de la phase économique actuelle de l'évolution humaine.

(1) Conférence faite à Paris, à l'Hôtel des Sociétés savantes, le 27 novembre 1893.

Dès maintenant nous nous heurtons à deux objections.

D'une part, parce que nous disons que le socialisme sort des faits, on nous a accusés de nier l'influence de l'idée et de généreux défenseurs de l'idée se sont levés; ils peuvent se rasseoir. Comment pourrions-nous nier l'influence de l'idée, alors que le socialisme lui-même n'est encore, je viens de l'indiquer, qu'une expression théorique, c'est-à-dire une idée, et que nous lui croyons cependant une certaine influence?

Nous prétendons seulement qu'une vérité dont la généralité est désormais établie par la science, ne cesse pas d'être une vérité quand il s'agit de l'histoire humaine et du socialisme. Cette vérité, c'est l'action du milieu : tous les êtres vivants sont le produit du milieu dans lequel ils vivent; au milieu, en fin de compte, aux rapports nécessairement créés par les multiples contacts, actions et réactions du contenant et du contenu (1), sont dues toutes les transformations de tous les organismes et, par suite, tous les phénomènes qui émanent d'eux; la pensée est un de ces phénomènes et, de même que tous les autres, elle trouve sa source dans les faits réels (2). Dire que

(1) Voir sur l'analyse du milieu l'article de M. G. Sorel dans le *Devenir social*, mai 1895, p. 148 et suiv.

(2) « La grande question fondamentale de toute philosophie, et particulièrement de la philosophie moderne, est

le socialisme sort des faits, c'est donc mettre simplement l'idée socialiste au même niveau que les autres idées. En socialisme comme en toutes matières, l'idée est la réflexion dans le cerveau des relations de l'homme avec ce qui l'entoure, et l'aptitude plus ou moins grande du cerveau à acquérir, conserver et combiner des idées, constitue l'intelligence. Celle-ci, dans ses combinaisons des éléments fournis par le milieu, peut évidemment perdre de vue la réalité qui lui sert de

celle du rapport de la pensée et de la réalité, autrement dit de la pensée et de la matière. »

Après s'être naturellement prononcé contre « la primordialité de l'esprit », Engels ajoute :

« La question du rapport de la pensée et de la réalité présente encore un autre côté : Quelle relation y a-t-il entre nos pensées sur le monde qui nous entoure et ce monde lui-même ? Notre raison est-elle capable de connaître le monde ? Pouvons-nous, dans nos perceptions et nos idées du monde réel, reproduire une image fidèle de la réalité ?

« ... Il existe beaucoup de philosophes qui contestent la possibilité d'une connaissance du monde, ou du moins d'une connaissance adéquate du monde... La plus éclatante réfutation de cette lubie, aussi bien que de toute autre marotte philosophique, est la pratique, c'est-à-dire l'expérience et l'industrie. Si nous parvenons à faire l'épreuve de la justesse de notre conception d'un procès naturel, si nous réussissons à le reproduire nous-mêmes en réalisant les conditions qui le font naître, si en outre nous l'assujettissons à notre volonté en le faisant servir à l'accomplissement de nos buts, c'en est fait de l'insaisissable « chose en soi » de Kant. » (*Ere nouvelle*, avril 1894, p. 450, 451 et 452, étude d'Engels sur Ludwig Feuerbach, traduite par Mme Laura Lafargue).

base, mais notre socialisme vise à ne pas s'écarter des données qu'imposent les faits observés sans parti pris.

On nous a accusés, d'autre part, parce que nous croyons que la question économique contient tout le socialisme, de nier le facteur intellectuel, le facteur sentimental, le facteur psychologique, le facteur moral, le facteur je ne sais plus quoi, enfin toute une collection de facteurs. Or, comme je vais essayer de vous le démontrer, notre seul tort, si tort il y a, est de vouloir mettre le char derrière les bœufs, et nous reprocher de supprimer le char parce que nous nous refusons à le mettre devant les bœufs ou parallèlement à ceux-ci, prouve, en même temps que l'envie incontestable de nous trouver en faute, la difficulté de satisfaire cette envie.

L'homme, je l'ai rappelé tout à l'heure, est le produit du milieu. Mais, à l'influence du milieu cosmique, qui s'étend à tous les êtres, n'a pas tardé à se joindre pour lui l'influence de ce milieu spécial créé par lui et résultant des moyens d'action acquis, du matériel d'outils employés, des conditions de vie par lui ajoutées ou substituées à celles que lui fournit la nature, l'influence, en un mot, du milieu économique, influence qui est peu à peu devenue prépondérante parce que les conditions de vie, déterminant en tous ordres la manière d'être de l'homme, ont fini par dépendre de moins en moins des res-

sources purement naturelles du milieu cosmique
et de plus en plus des moyens d'action réalisés
par l'homme, des ressources artificielles du mi-
lieuéconomique, de la matérialisation de la pensée
humaine en innovations diverses.

Nous trouvons à la base de tout ce qui concerne l'homme, l'influence des milieux naturel et
économique, et, s'il est parfaitement exact que
nous reconnaissons la prédominance du milieu économique, on est mal venu à nous accuser
de ne pas reconnaître l'action de l'intelligence
humaine, puisque nous proclamons qu'elle est la
créatrice de ce milieu. Seulement nous n'oublions
pas que, à n'importe quel degré de développement, l'intelligence ne fait, par ses créations,
qu'élaborer les éléments préalablement puisés
dans le milieu.

Donc, l'intelligence peut, en travaillant sur les
éléments que procure le milieu existant, produire
dans ce milieu un changement ; celui-ci à son tour
réagira sur l'intelligence pour laquelle, compris
dorénavant dans l'ensemble des matériaux acquis,
il devient un élément du milieu qui la détermine.
Vous voyez que, loin de rabaisser le rôle de l'intelligence, nous lui attribuons une importance
considérable ; nous nous refusons uniquement à
voir en elle un phénomène spontané.

Ayant répondu au reproche de ne pas tenir
compte de ce qui s'appelle l'intelligence et de ce
qu'on habille en facteur intellectuel, je n'ai

guère besoin de gratifier d'une réponse particulière les autres facteurs mobilisés contre nous,
qui ne sont tous que des produits de l'intelligence. Je ferai remarquer toutefois que, s'il est
vrai que nous ne déduisons pas notre théorie de
cette association de facteurs, on n'est pas autorisé à conclure que morale, droit, justice, psycho-
logie, sentiment, sont pour nous des mots vides
de sens. Refuser de les ériger en preuves scientifiques, ainsi que nous nous contentons de le faire,
ce n'est pas les nier, c'est seulement éviter de les
employer à un usage auquel ils ne sont pas, ni ne
sauraient être destinés. Parce que, pour étayer
une théorie, nous préférons recourir à l'observation des faits et de leurs tendances, nous n'avons
jamais proscrit l'esprit de justice, ni le sentiment,
comme motifs d'adhésion à cette même théorie,
et nous n'hésitons pas à déclarer que ce qui est
impropre à servir de preuve scientifique, peut
être utilisé comme mobile d'action,

D'ailleurs, même en attribuant au syndicat des
facteurs un pouvoir prépondérant sur la marche
de l'histoire, on n'attribue pas à l'intelligence une
influence plus grande que celle que nous lui reconnaissons. En réalité le débat ne porte pas ici
sur l'influence des idées, mais sur le point de
savoir quelles sont les idées qui sont influentes.
De part et d'autre il y a simplement choix parmi
les produits de l'intelligence : nos contradicteurs
mettent en avant les facteurs réunis au lieu d'y

mettre, à notre exemple, les idées qui s'extério-
risent en actes, inventions ou autres, aboutissant
à la modification du milieu économique et, par
suite, croyons-nous, de l'homme lui-même, dans
sa façon de vivre d'abord, dans sa façon de penser
ensuite.

Dès l'instant que la transformation des conditions économiques, des conditions de vie, est la
transformation fondamentale, celle de laquelle
toutes les autres dépendent plus ou moins, dire que
le socialisme n'est que l'expression de la phase
économique en cours, ce n'est pas rétrécir, si peu
que ce soit, son champ d'action, mais seulement
préciser son but immédiat; la constatation qu'il
comporte, d'une évolution du milieu économique,
implique nécessairement la constatation correspondante d'une action plus ou moins directe sur
les diverses branches des connaissances humaines, toutes influencées par ce milieu, de même
que le pommier implique la pomme sans qu'il
soit besoin de parler de pommier intégral. Si le
socialisme est contenu « dans une formule purement économique », c'est comme le pommier dans
le pépin; veillons à ce que « formule économique » et pépin ne soient pas contrariés dans
leur développement normal et nous aurons, sans
adjonction d'épithètes, tous les fruits désirés.

On a cru trouver un argument contre cette
prédominance du milieu économique et de la
question économique, dans ce fait que des évé-

nements qui ne sont pas de nature économique
— et on a cité, notamment, l'invention de la poudre (1) et la révocation de l'édit de Nantes — ont
eu une grande influence sur l'histoire humaine.
On oublie que si tel ou tel événement important
n'est pas directement par lui-même un phénomène économique, c'est surtout par les conséquences qu'il a eues au point de vue économique
qu'il a été important; comme, à un degré quelconque, toutes les découvertes humaines, tous
les événements historiques, il est devenu un élément modificateur de ce milieu.

En résumé, si nous affirmons l'influence des milieux et, en particulier, l'influence prépondé-

(1) L'invention de la poudre est, en tout cas, un exemple bien mal choisi ; pour en être convaincu, il suffit de
lire ce qu'a écrit, à ce sujet, Engels : « L'introduction
de la poudre à tirer et des armes à feu ne fut en aucune façon un acte de force, mais ce fut un progrès
industriel, donc économique. L'industrie est toujours
l'industrie, qu'elle se propose la production ou la destruction d'objets. Et l'introduction des armes à feu
transforma non seulement la conduite même de la
guerre, mais aussi les rapports politiques de souveraineté et de servitude. Pour avoir de la poudre et des
armes à feu, il fallait industrie et argent, et les habitants des villes possédaient l'un et l'autre. C'est ainsi
que, dès l'origine, les armes à feu furent les armes des
villes et de la monarchie grandissante, s'appuyant sur les
villes pour combattre la noblesse féodale. » (*M. Eugène
Duehring et sa révolution de la science*, 5e éd., 2e sec-
tion, chap. 3, p. 173, extrait d'une traduction partielle
d'Edouard Vaillant, *le Républicain socialiste*. 19 avril
1884.)

rante du milieu économique création de l'homme, on n'est pas fondé à traduire que nous attribuons au milieu économique une influence exclusive et que, d'après nous, ce milieu même n'est créé, n'est influencé que par des faits d'ordre économique (1).

(1) Déjà dans le *Socialiste* du 11 juin 1887, je protestais contre « l'idée d'action exclusive » du milieu économique, attribuée à tort à Marx et aux marxistes, comme le prouvent notamment ce qui a été dit plus haut et les citations suivantes :

« La structure économique de la société est la base réelle sur laquelle s'élève ensuite l'édifice juridique et politique, de telle sorte que le mode de production de la vie matérielle domine « en général » le développement de la vie sociale, politique et intellectuelle. » (Karl Marx, le *Capital*, 1ᵉʳ vol., éd. française, page 32, col. 2, note.)

« D'après la conception matérialiste de l'histoire, la production et la reproduction de la vie réelle sont les « moments » décisifs en dernière instance dans l'histoire. Ni Marx, ni moi-même, n'avons jamais rien voulu dire de plus. Quand on fausse notre doctrine et qu'on nous fait dire que le « moment » économique est le seul décisif, on nous prête par là une opinion « absurde » et abstraite.

« La situation économique est la *base* ; mais les différents « moments » de la structure supérieure, formes politiques de la lutte de classe et ses résultats, constitutions établies par la classe conquérante après la victoire, lois, et même les réflexes de tous ces combats réels dans le cerveau de ceux qui y prenaient part, théories politiques, religieuses, juridiques, etc., tout cela exerce son action sur le cours des mouvements historiques et agit parfois d'une manière prédominante sur leur forme. » (Extraits d'une lettre d'Engels, écrite

J'en reviens donc à mon affirmation première :
le socialisme doit avoir et a pour base le milieu
économique, les faits économiques. Quels sont
ces faits ?

en 1890 et publiée l'an dernier par le *Sozialistische
Akademiker*, reproduits d'après le *Socialiste* du 17 novembre 1895.)

« Il ne s'agit pas, en somme, d'étendre le soi-disant
acteur économique, isolé d'une façon abstraite, à tout le
reste, comme se l'imaginent nos adversaires, mais il s'agit,
avant tout, de concevoir historiquement l'économie et
d'expliquer les autres changements au moyen de ses
changements. » (Antonio Labriola — « En mémoire du
Manifeste du parti communiste », *le Devenir social*, juillet
1895, p. 341.)

Pour que l'homme, qui ne peut vivre qu'à la condition de travailler, puisse entreprendre un travail quelconque, il faut qu'il ait à sa disposition les instruments et la matière de travail. Or, ces instruments et cette matière, en un mot les moyens de travailler, deviennent de plus en plus la propriété des capitalistes. Ceux qui sont dépourvus des moyens de mettre en œuvre leur force de travail sont, dès lors, obligés, n'ayant pas la possibilité de vivre autrement, de vendre l'usage de cette force aux capitalistes qui détiennent les choses indispensables au travail. Par leur possession des choses indispensables au fonctionnement de la force de travail, les capitalistes sont, en fait, maîtres de qui ne peut utiliser sa force soi-même, ni vivre sans l'utiliser. De cette subordination économique résulte l'existence de classes distinctes, en dépit de l'égalité civile et politique de leurs membres; et, comme le régime capitaliste exproprie de plus en plus la classe moyenne, il tend à accentuer la division de la société en deux classes principales : d'un

côté, ceux qui disposent des moyens de travail ;
de l'autre, ceux pour qui la mise en œuvre de ces
moyens est l'unique possibilité de vie (1).

Je vous ferai remarquer que je parle de classes et non d'ordres ou d'états, parce que ces dernières expressions supposent une démarcation
légale entre les catégories de personnes qu'elles
indiquent ; tandis que le mot classe vise seulement, écoutez Littré, les « rangs établis parmi les
hommes par la diversité et l'inégalité de leurs
conditions ». C'est pour cette raison que quelques-uns d'entre nous se refusent à employer
l'expression de « quatrième état ». Il n'y a plus
d'états, c'est vrai, mais il est non moins vrai
qu'il y a encore des classes. Personne n'osant

(1) « Il est bien vrai que l'égalité des citoyens est ins-
crite dans nos lois, qu'il n'y a plus de castes et que, en
théorie, tout est devenu accessible à tous. Mais, en fait,
s'il n'y a plus de classes politiques, il y a toujours des
classes ou des compartiments sociaux, et les riches et les
pauvres sont peut-être plus profondément séparés aujourd'hui par les mœurs qu'ils ne l'étaient autrefois par
les institutions. » (M. Jules Lemaître, discours prononcé
en qualité de président de la distribution des prix du
lycée Charlemagne, *Le Temps*, 1er août 1894.)

« Il y a dans chaque ville, une ville des riches et une
ville des pauvres, qui s'ignorent et ne peuvent plus se
connaître. C'est ainsi que dans une société qui avait
prétendu détruire les classes (voyez les édits de Turgot,
et les discours à la Constituante), les classes se sont re-
constituées, plus nombreuses, plus impénétrables et plus
séparées que par le passé. » (M. Joseph Chailley-Bert,
Journal des Débats, édition rose, 15 décembre 1895.)

plus chez nous approuver leur existence, la nier
est l'unique moyen de n'avoir pas à la combattre (1). Aussi est-ce à cette négation qu'ont recours ces adversaires du socialisme dont les
seules armes sont le mensonge et l'hypocrisie (2).
Les socialistes ne sont pas cause que les classes
existent parce qu'ils en reconnaissent l'existence,
et ils n'en sont pas partisans parce qu'elles existent. Ils se bornent à constater ce qui a été, ce
qui est et ce qui doit être : l'origine des classes,
leur persistance actuelle et leur prochaine disparition.

Dès que, grâce au développement des facultés
de l'homme et à ses découvertes industrielles, la
productivité du travail a été telle qu'un individu
a pu produire plus que ce qui était indispensable
à son entretien, la scission de la société en deux
grandes classes, les exploiteurs et les exploités,

(1) Le *Temps* du 18 avril 1894, dans son article de
fond, non content de nier les classes, proteste même
contre l'emploi du mot : « l'expression de « classes »,
écrit-il, a toujours quelque chose de fâcheux ».

(2) Voir sur ce point le feuilleton de M. Joseph Chailley-Bert dans le *Journal des Débats*, édition rose, du 24
mai 1894 où se trouve développé le « bienfait social de
l'hypocrisie » ; on y lit notamment : « Tout ce qui peut
avoir pour effet de faire voir le peu de solidité des con-
ventions sur lesquelles la société repose est dangereux
et doit être combattu, et combattu par tous les moyens,
même par les pires », et un peu plus loin : « L'hypocrisie est, pour un temps, un agent de préservation sociale ».

s'est effectuée. Et cette scission a eu sa raison d'être, tant que la production n'a pas été suffisante pour assurer la possibilité du bien-être à tous. Mais, grâce au machinisme et aux applications scientifiques qui facilitent le travail tout en multipliant les moyens de consommation dans des proportions énormes, le travail absorbant de la masse et l'accaparement du bien-être par une minorité peuvent désormais faire place, doivent faire place dès lors, et feront place dans un avenir qui ne semble plus éloigné, à l'universalisation du travail et à l'universalisation, que celle-ci peut et doit déterminer, du bien-être et des loisirs, c'est-à-dire à des conditions sociales où il n'y aura plus de classes, parce qu'il n'y a plus dès maintenant aucune utilité — nous verrons même tout à l'heure que notre classe dominante, loin d'être utile, devient nuisible — à ce qu'il y en ait.

Aujourd'hui, si l'existence de classes distinctes a, en apparence, perdu tout caractère légal, elle n'en est pas moins aussi réelle que jamais. Pour le nier, il faut vraiment avoir — passez-moi l'expression, mais je n'en trouve pas d'autre qui précise aussi exactement cet état d'esprit — envie de faire la bête, ou intérêt à la faire. Il est impossible de contester sérieusement qu'une partie de la population est mise, en fait, par le mode de relations économiques, par l'intérêt matériel, par le besoin de manger, sous la dépendance d'une autre, et qu'il y a antagonisme entre ceux qui doivent s'efforcer de vivre en travaillant et ceux qui peuvent leur en marchander les moyens (1).

En proclamant l'existence des classes et leur antagonisme, en affichant cet antagonisme qui n'est pas leur œuvre, sur le terrain politique, les socialistes ne créent pas des distinctions factices ils ne ressuscitent et ne songent à ressusciter aucun des cadres sociaux si heureusement et si énergiquement brisés par la Révolution française, ils ne font que s'adapter à la situation telle qu'elle se présente.

En effet, par la compréhension, que la grande industrie développe tous les jours davantage chez les travailleurs, de la nécessité du groupement dans leurs débats avec les détenteurs des moyens de travailler, les intérêts à défendre ont de moins en moins pour les travailleurs le faux air d'intérêts individuels ; ils leur apparaissent ce qu'ils sont en réalité : intérêts de classe. Née des grèves, des coalitions de toute espèce à eux imposées par la manière d'être de la société capitaliste, leur action comme classe ne tarde pas à prendre un caractère politique. De là proviennent alors les agitations ouvrières aboutissant à la re-

(1) « En réalité, les différentes classes se pénètrent réciproquement, et il y a toujours entre deux classes une foule d'intermédiaires. » (Karl Kautsky, « le socialisme et les carrières libérales » le Devenir social, mai 1895, p. 115-116.)

connaissance de l'égalité politique et à l'établissement du suffrage universel. En possession des droits politiques, les travailleurs sont évidemment conduits à utiliser ces droits en faveur de leurs intérêts propres. Forcément, dès lors, la lutte politique devient de plus en plus lutte de classe, ne pouvant avoir son terme que lorsque le pouvoir politique, aux mains des travailleurs, aura enfin mis l'Etat au service des intérêts de tous les exploités en situation, par cela même, de procéder aux réformes économiques dont la disparition des classes sera la conséquence directe.

Donc, la lutte des classes n'est pas une invention des socialistes, mais le fond même du mouvement historique qui se déroule sous leurs yeux.

III

Nous savons que ceux dont l'activité est subordonnée dans son exercice à un capital qui
leur manque — et ceux-là composent la classe
ouvrière — sont obligés de vendre leur force de
travail à certains des détenteurs de ce capital qui
forment, eux, la classe bourgeoise.

Ce que vend celui qui a besoin de travailler
pour vivre et qui n'a pas les moyens de travailler, à celui qui possède ces moyens, c'est seulement le travail à l'état de puissance, ce sont les
facultés musculaires ou intellectuelles à mettre
en action pour produire des choses utiles. En effet, d'une part, avant la mise en action de ces facultés, le travail n'existe pas et ne peut être
vendu ; or, le contrat est passé entre acheteur et
vendeur avant toute action et a pour origine, de
la part du vendeur, l'impossibilité où il se trouve
de faire lui-même entrer en mouvement sa faculté
de travail. D'autre part, dès que l'action commence, dès que le travail se manifeste, il ne
peut être la propriété du travailleur, car il ne
consiste que dans l'incorporation d'une chose

que le travailleur vient d'aliéner, de la puissance
de travail, à des choses qui ne sont pas à lui, aux
moyens de production.

En définitive, quand le travail n'existe pas, le
travailleur ne peut vendre ce qu'il ne possède
pas et ce qu'il n'a pas les moyens de réaliser ;
quand le travail existe, il ne peut être vendu par
le travailleur à qui il n'appartient pas. La seule
chose que le travailleur peut vendre, c'est sa force
de travail, force se distinguant de sa fonction, le
travail, comme le pouvoir de marcher se distingue de la marche, comme une machine quelconque se distingue de ses opérations.

Ce que paye, sous forme de salaire, le possesseur des moyens de travail, l'acheteur de la force
de travail, au possesseur de cette force, ce ne
peut donc être et ce n'est pas le prix du travail
fourni, c'est le prix de la force utilisée, prix que
l'offre et la demande font osciller autour et surtout au-dessous de sa valeur déterminée, comme
celle de toute autre marchandise, par le temps de
travail socialement nécessaire à sa production,
autrement dit en la circonstance, par la somme
permettant normalement au travailleur d'entretenir et de perpétuer sa force dans les conditions
nécessaires à une production donnée:

Mais, alors même que le travailleur touche une
valeur égale à celle de sa force, il fournit une valeur plus grande que celle qu'il reçoit : la durée
du travail exigé pour un salaire déterminé, dé-

passe régulièrement le temps nécessaire au travailleur pour ajouter, à la valeur des moyens de production consommés, une valeur égale à ce salaire; et le travail fourni de la sorte, en sus de celui qui représente l'équivalent de ce que touche le travailleur, constitue le surtravail. Le surtravail est donc du travail non payé.

Et ici, qu'on nous comprenne bien. Quand nous parlons de travail non payé, nous constatons un simple fait et n'entendons nullement dire que les capitalistes, dans l'état actuel des choses, sont personnellement coupables de soutirer aux travailleurs un travail qu'ils ne leur payent pas. Nous ne sommes pas de ceux qui pensent que « les causes du mal dont nous souffrons viennent moins des institutions que des hommes », ainsi que l'affirmait M. Glasson, devant les membres de l'école Le Play (1). Nous disons justement le contraire; pour nous, le mal vient moins des hommes que des institutions et, dans la société actuelle, les choses ne peuvent pas se passer autrement qu'elles ne se passent.

Du côté de l'ouvrier, ce qui est vendu, comme je l'ai établi, ce qui est payé, ce ne peut être son travail, c'est le prix de sa force de travail, prix qui, vu le nombre des candidats au travail, ne peut que bien exceptionnellement être égal à sa

(1) Discours d'ouverture du Congrès de la « Société internationale d'économie sociale », 29 mai 1893.

valeur ; mais, même en ce cas, la condition *sine quâ non* de son salaire est de fournir plus qu'il ne reçoit. Ce n'est pas parce que le salaire est divisé en salaire et en supplément de rétribution sous forme de participation aux bénéfices ou sous une autre forme, que l'ouvrier fournit moins de surtravail, moins de travail non payé ; au contraire, peut-on dire, car le résultat le plus clair de ce supplément de rétribution n'est, pour l'ouvrier, qu'un supplément d'illusion. Tout ce que l'ouvrier peut chercher, étant donnée, je le répète, l'organisation sociale existante, c'est à raccourcir son surtravail, et c'est là la raison d'être de la lutte pour la réduction de la journée de travail, du mouvement des huit heures.

Du côté du capitaliste, vu la concurrence à coups de bas prix qui régit la production, il y a impossibilité, sous peine de ruine, d'extraire de ses ouvriers moins de travail non payé que ne le font ses compétiteurs ; et c'est pourquoi il faut chercher à obtenir la réduction de la journée par la loi. J'ajoute que tant que le patron, que tant que le capitaliste s'en tient à ce qu'on peut appeler les conditions normales d'exploitation, il ne saurait être raisonnablement rendu responsable de la structure économique qui lui profite, mais que les meilleures intentions individuelles seraient impuissantes à modifier. D'ailleurs, si les capitalistes sont personnellement impuissants à améliorer l'état des choses, il serait imprudent de conclure qu'ils sont capitalistes dans l'intérêt des travailleurs : il ne faut exagérer ni dans un sens ni dans l'autre.

Le surtravail n'a pas été inventé par les capitalistes. Depuis que les sociétés humaines sont sorties du communisme primitif, le surtravail a toujours existé ; et c'est la façon dont il est imposé et soutiré aux producteurs immédiats, qui distingue les différentes formes économiques.

Avant que l'homme ait pu produire plus qu'il ne lui fallait, une partie de la société n'a pu vivre du travail d'une autre partie. Comment aurait-il le moyen de travailler gratuitement pour d'autres, celui à qui tout son temps suffit à peine pour se procurer ses propres moyens d'existence ? Quand, par suite des progrès de l'homme, son travail eut acquis une productivité telle qu'un individu a été à même de produire au delà de ce qui était strictement nécessaire à ses besoins, les uns pouvaient subsister du travail des autres et l'esclavage a pu s'établir.

Qu'il se soit établi par la force, ce n'est pas douteux ; mais on doit avouer que son établissement a favorisé l'évolution humaine. Tant que la productivité du travail, suffisante pour permettre le surtravail, ne l'a pas été pour rendre la participation au travail directement utile compatible avec d'autres occupations, le pénible labeur des uns et leur exploitation ont été la condition du loisir des autres et, par là, du développement de tous. Car, sans le loisir de certains, les sciences, les arts, l'ensemble des connaissances dont nous bénéficions tous à un degré quelconque, n'auraient pu progresser. Et le fait que les penseurs de l'antiquité et le plus grand d'entre eux, Aristote, ont excusé l'esclavage, est une preuve que la façon de penser est déterminée par les exigences économiques de l'ordre social. Reprocher à Aristote, en particulier, de n'avoir pas envisagé l'esclavage et la propriété comme il est naturel que nous les envisagions, équivaut à lui reprocher de n'avoir pas appliqué les procédés de notre production moderne.

L'esclavage n'a paru un non-sens et n'a commencé à disparaître que lorsque les conditions extérieures, profondément transformées, ont rendu un autre genre de travail et de surtravail plus en rapport avec les nécessités matérielles. Au milieu économique où l'esclavage était la règle, a succédé alors le milieu économique où le servage a prédominé, et celui-ci, à son tour, a été remplacé par le milieu économique où le salariat est devenu un fait général. A chacun de ces milieux a correspondu une manière de penser qui peut être en contradiction avec la nôtre, mais qui provenait de la manière de vivre du moment.

Si on examine l'aspect du surtravail dans ces trois milieux, on constate qu'il a l'air d'être tout le travail dans le premier, une fraction plus ou moins grande du travail entier dans le second, et réduit à rien dans le troisième. En effet, dans l'esclavage, pendant une partie de la journée, l'esclave se borne à remplacer la valeur de ce qu'il consomme et travaille, en fait, pour lui-même ; cependant, même alors, son travail paraît être du travail pour son propriétaire : tout son travail a l'apparence de surtravail, de travail pour autrui. Dans le servage, le travail du corvéable pour lui et son travail gratuit pour le seigneur sont complètement distincts l'un de l'autre ; par la façon même dont le travail s'exécute, le corvéable discerne le temps pendant lequel il travaille à son profit du temps qu'il est forcé de consacrer à la satisfaction des besoins seigneuriaux. Dans le salariat, la forme salaire, qui se présente comme payement direct du travail, efface toute démarcation entre le travail payé et le travail non payé ; en touchant son salaire, l'ouvrier semble toucher toute la valeur due à son travail, de sorte que tout son travail revêt la forme de travail payé. Tandis que, dans l'esclavage, le rapport de propriété cache le travail de l'esclave pour lui-même, dans le salariat le rapport d'argent cache le travail gratuit du salarié pour le capitaliste. On aperçoit aisément l'importance pratique de cette dissimulation du rapport réel entre travail et capital : celui-ci est censé fructifier par sa vertu propre, et celui-là recevoir **toute sa rétribution.**

IV

La forme salaire du travail existait avant la véritable apparition du capital industriel, ce capital ne datant réellement que du jour où s'est généralisée la production à l'aide du travail salarié. Le capital, en effet, n'est pas une qualité dont les moyens de production sont doués naturellement, qu'ils ont toujours eue et qu'ils doivent toujours avoir : c'est un caractère qu'ils possèdent seulement dans des conditions sociales définies. Pas plus qu'un nègre n'est naturellement esclave, les moyens de production ne sont naturellement capital. Et lorsque les socialistes parlent de supprimer capital et capitalistes, ceux qui ne veulent pas faire une confusion ridicule, doivent se souvenir qu'il n'est question que d'enlever aux moyens de production et à leurs détenteurs un caractère qu'ils ont aujourd'hui sans détruire un atome de leur substance matérielle, de même que, en supprimant l'esclavage, on enlève au nègre son caractère d'esclave sans pour cela le tuer lui-même.

On n'a connu longtemps le capital que sous la

forme commerciale et usuraire; car ce n'était
guère que sous ces deux formes que l'argent faisait des petits, et c'est la possibilité pour l'argent
de faire des petits qui constitue le capital. Cette
possibilité ne pouvait exister, autrement que
comme fait exceptionnel, pour l'argent employé
en moyens de production, tant que l'industrie
restait en quelque sorte domestique. Pour que
le capital apparût en dehors du commerce des
choses et de l'argent, dans la sphère même de
la production, il fallait que les richesses accu-
mulées par la voie du commerce et de l'usure,
pussent, d'une manière assez générale, arracher
à leur éparpillement les petits producteurs et
leurs petits instruments de travail individuels,
transformer le petit atelier en atelier agrandi,
rassembler un grand nombre d'ouvriers travaillant en même temps, dans le même lieu, sous les
ordres du même entrepreneur, afin de produire
sur une large échelle la même espèce de marchandise, et trouver pour l'écoulement de celle-
ci un marché suffisamment étendu.

L'argent avancé dans la production ne peut, en
effet, réaliser par la vente des objets produits un
profit appréciable, que lorsque son possesseur peut
réaliser une certaine quantité de surtravail; or
pour cela il lui faut un certain nombre d'ouvriers.
Car c'est le surtravail réalisé, nous le savons, qui
forme l'excédent de la valeur produite sur l'argent dépensé pour la produire, autrement dit la

plus-value, laquelle vient accroître sans cesse le capital et le met toujours davantage à même de dominer le travail.

Le mode de production capitaliste, le mode de production dans lequel les moyens de travailler fonctionnent en qualité de capital, tire du capital son caractère spécifique qui est de faire pondre de l'argent à l'argent, d'enfanter de la plus-value. Le capitaliste acheteur de la force ouvrière n'a qu'un but, s'enrichir en faisant valoir son argent, en fabriquant des marchandises contenant plus de travail qu'il n'en paye, et dont la vente réalise, dès lors, une valeur plus grande que celle des diverses avances faites.

Si, depuis que la productivité du travail l'a permis, une partie de la société a été, sous des formes diverses, obligée d'ajouter au temps de travail commandé par son propre entretien, un surplus pour lequel elle ne reçoit aucun équivalent et dont profite une autre partie de la société, tant que la production tendait à l'appropriation par les privilégiés de moyens de consommation et de jouissance, le surtravail des producteurs immédiats rencontrait une limite dans la satisfaction des besoins, si étendus fussent-ils, qui était le but de cette appropriation. Mais, dès qu'il s'agit d'obtenir, à la place d'une certaine masse de produits, la production quand même de plus-value, la multiplication incessante de l'argent, le possesseur des moyens de production s'efforce sans relâche de faire absorber par ces moyens le plus de surtravail possible.

Si cette chasse insatiable à la plus-value a été pour les travailleurs et leur famille la cause d'une exploitation, encore inconnue, de leur force, il faut reconnaître qu'elle a contribué au développement des moyens de production. Il en est du capital comme de l'esclavage : sources de souffrances pour leurs victimes, ils ont été, en somme, pour l'humanité sources de progrès. L'histoire du progrès humain est loin d'être une idylle ; c'est d'une longue série de tourments et de misères pour la foule anonyme, que sort notre trop oublieuse et trop orgueilleuse civilisation.

Donc le capital a eu son utilité, et l'ère de production capitaliste constitue une des grandes étapes de l'évolution des forces productives. Partie de l'agrandissement du petit atelier corporatif, passant par l'action en commun, la coopération, d'un grand nombre d'ouvriers dans l'atelier agrandi, par la manufacture, par la division du travail dans l'atelier, par l'extension de la machine-outil, par l'emploi de la vapeur comme force motrice, la production capitaliste est arrivée à la grande industrie qui a plus révolutionné le mode de production qu'il ne l'avait jamais été. C'est son bouleversement continuel des procédés techniques qui distingue la période capitaliste de toutes les périodes précédentes et l'empêche d'avoir le caractère longuement conservateur de celles-ci

V

Quels sont les résultats de ces révolutions. quelles en sont les tendances ?

Le machinisme s'empare de plus en plus de toutes les industries et, au lieu de se servir de l'outil, l'ouvrier sert la machine. La facilité de ce travail permet de substituer, à l'ouvrier habile, le manœuvre, à l'homme, la femme et l'enfant ; par ces déplacements, l'instrument de travail avilit les salaires et exproprie l'ouvrier de ses moyens d'existence ; ce machinisme, grâce auquel Aristote avait génialement entrevu la possibilité d'émancipation de l'esclave, n'a encore été que cause d'asservissement et, de même que l'homme est modelé par le milieu économique qui est son œuvre, il est ici asservi par son propre produit.

Avec l'extension de l'industrie mécanique, le produit est de moins en moins une œuvre individuelle, l'individu ne faisant plus à lui seul un produit, mais une fraction de produit, et la mise en œuvre de l'instrument de travail, autrement dit l'usage de sa propriété, échappe au propriétaire pour être dévolu à un certain nombre d'ou-

vriers, à une collectivité de salariés. Ainsi, quand
le possesseur de la scie à main la fait mouvoir,
le propriétaire a l'usage de sa propriété ; avec la
scie mécanique, cet usage passe du propriétaire
aux ouvriers que, nécessairement, il emploie pour
la faire fonctionner. En même temps que le ma-
niement des moyens de production si considérablement accrus réclame le concours d'une masse
ouvrière, les entreprises croissent tellement que
les capitaux indispensables à leur marche ne se
rencontrent pas dans les mains d'un seul capitaliste ; trop élevée pour un seul, la propriété nominale de ces moyens de production, et avec elle
le profit, passe du capitaliste individuel à une
association de capitaux, à une collectivité d'actionnaires. Cette collectivité a bien, en tant que
collectivité, une propriété particulière tangible ;
mais que représente la propriété pour chacun
des actionnaires? Une fiction.

Tandis que les moyens de production se sous-
traient de la sorte à l'appropriation strictement
privée, et veulent, pour entrer en exercice, une
collectivité de travailleurs, tandis que le produit devient œuvre collective, les propriétaires,
sous forme d'actions, des moyens de production
et des produits, perdent tout rôle utile. De l'activité, de l'habileté du propriétaire, dépendait autrefois, comme aujourd'hui encore quelquefois
dans la petite industrie et dans le petit commerce,
la prospérité de sa petite entreprise. Avec la

propriété par actions, l'organisme producteur ne subit plus l'influence des qualités particulières du propriétaire ; il ne connaît pas plus le détenteur d'actions, le propriétaire multiple actuel, que celui-ci ne connaît sa propriété ; il fonctionne en dehors de lui et ne se ressent pas, ne s'aperçoit pas de son changement. Ce sont des salariés, ingénieurs ou directeurs plus ou moins bien rétribués, mais en définitive des salariés, qui remplissent à l'heure présente les anciennes fonctions du propriétaire. Au lieu du propriétaire dirigeant, nous avons donc un salarié directeur, et directeur d'autant meilleur qu'il n'est que salarié, ainsi que l'avoue M. de Molinari lorsqu'il écrit : « Il lui suffit de posséder la capacité, les connaissances et la moralité requises pour ses fonctions, toutes qualités qui se rencontrent plus aisément et à moins de frais sur le marché, séparées du capital qu'unies à lui » (1).

Non seulement la classe propriétaire se dépouille de toute utilité sociale, mais, en outre, elle devient nuisible par sa préoccupation exclusive du profit personnel. Nuisible, elle l'est désormais pour l'ensemble de la production sociale, que la chasse désordonnée au bénéfice rend en butte à des perturbations désastreuses, à des crises périodiques engorgeant le marché et durant, au milieu des faillites et du chômage,

(1) *L'Evolution économique*, p. 58.

tant que les débouchés ne se rouvrent pas; pour l'ensemble des travailleurs, exténués en période d'activité et tout à fait misérables en période de crise, pendant laquelle ils manquent de tout, parce qu'il y a, relativement aux possibilités d'achat, trop de tout — entre parenthèses, nous voyons de nouveau ici se réaliser ce que nous avons dit de l'intelligence humaine et du milieu économique, de la machine et du travailleur, l'homme est dominé par sa création ; pour l'ensemble des consommateurs, victimes de l'exclusive préoccupation du gain par la falsification des produits que cette préoccupation suscite ; pour les petits propriétaires de moyens de production, à chaque instant menacés de ruine par l'intensité de la guerre de la concurrence qui donne la victoire aux gros capitaux.

En résumé, notre mouvement économique tend vers une mise en œuvre collective, puisque la mise en œuvre des moyens de production passe du propriétaire à une collectivité d'ouvriers, vers l'élimination du mode d'appropriation privée, puisque la propriété nominale passe du propriétaire individuel à une collectivité d'actionnaires, vers la disparition de tout rôle utile du propriétaire devenant, non seulement superflu, mais nuisible.

En même temps que l'organisation du travail adaptée à la manière d'être actuelle des forces productives, écarte la classe propriétaire et est le signal de sa fin historique, elle généralise la mise en commun des hommes parallèlement à celle des choses ; elle agglomère les travailleurs, les amène, par l'identité de position et d'intérêts, à se grouper, les constitue en une classe de plus en plus consciente de sa situation, discipline leurs masses méthodiquement agencées dans chaque établissement industriel, façonne parmi eux une élite intellectuelle, à laquelle incombent la surveillance et la direction des entreprises.

Et alors que la forme individuelle de leur petit instrument de travail et leur mode de production qui les isole, engendrent chez les ouvriers de la petite industrie des idées trop individualistes et égoïstes, là où la grande industrie a déjà arraché son outil à l'ouvrier et l'a transformé en un appareil mécanique effaçant l'individualité du travail, là où le travail individuel se confond dans le travail collectif, là où les procédés techniques sont tels que la tâche de chacun ne vaut que par la participation de tous et est la condition de l'exécution de la tâche collective, les tendances strictement individualistes des producteurs de la petite industrie font place à l'esprit de solidarité qui, avec le progrès industriel, pousse chaque jour davantage la classe ouvrière vers les idées socialistes : celles-ci surgissent des nécessités matérielles qui se répercutent et s'implantent dans les intelligences.

Ce sont là des faits contre lesquels nos préférences personnelles ne peuvent rien. Les éléments matériels et intellectuels de la forme collective de la production, élaborés par le régime capitaliste, progressent ainsi tous les jours et le socialisme, vous le voyez, sort des conditions existantes. Ce n'est ni un article d'importation étranger à notre mouvement social, ni un article d'exportation bon pour n'importe quel milieu économique, c'est la conséquence rigoureuse d'un certain ordre de faits, la conclusion d'une évolu tion donnée dont il s'est rendu compte, mais qui s'opère indépendamment de lui ; il ne la crée pas parce qu'il en a conscience.

Ainsi que le reconnaît M. Paul Leroy-Beaulieu : « le champ de la grande industrie s'étend de plus en plus et l'on ne voit trop quelles limites on pourrait lui assigner » (1). Or, c'est la grande industrie qui met à nu les antagonismes de la production capitaliste et, simultanément, elle fournit la possibilité de les détruire. Le rôle historique du capital a été le développement des forces productives et, en les développant, il a créé les armes qui doivent le tuer. Nécessaire dans une certaine situation économique, il voit sa fin marquée par une autre manière d'être des moyens de production.

(1) *Essai sur la répartition des richesses*, p. 307-308.

La préparation et l'éducation de la classe ouvrière par les pouvoirs productifs, la consécra-
tion graduellement obligée des tendances collectives de ceux-ci, la répulsion croissante de leur
mode d'appropriation privée, aboutissent à un
nouveau régime économique où leur appropriation et leur contrôle seront collectifs comme leur
action, où ils seront mis en mouvement par la
société et pour la société. Et tout le socialisme
consiste à vouloir consacrer le caractère social
actuel des conditions matérielles de vie.

Je dis le socialisme des socialistes, parce que
notre époque a vu éclore un socialisme particulier,
le socialisme de ces braves cœurs qui tiennent à
effacer les inconvénients de notre état social, mais
qui tiennent encore un peu plus à garder la cause
de ces inconvénients, qui veulent à la fois supprimer le prolétariat et conserver la forme capital. Le socialisme peut parfaitement avoir, lui
aussi, ses ralliés et même ses résignés ; il demande
à ses adhérents non d'où ils viennent, mais d'aller
où il va, ou, tout au moins, de se résigner à lui
laisser suivre sa route sans chercher à l'en détour

ner. Comme un de nos adversaires déclarés, nous pouvons dire à notre tour : « d'un côté les socialistes, de l'autre ceux qui ne le sont pas » et, parmi ces derniers, se rangent ceux qui acceptent le nom en repoussant la chose.

En dehors de la socialisation des moyens de travailler ayant déjà revêtu une forme collective, il peut y avoir et il y a souvent charlatanisme, il n'y a pas de possibilité sérieuse d'émancipation, il n'y a pas de socialisme.

Tant que moyens de travailler et travail ne seront pas réunis dans les mêmes mains, les moyens de travailler conserveront le caractère de capital; celui-ci exploitera inévitablement le travailleur et lui soutirera du travail qu'il ne lui payera pas. La cause du mal pour la classe ouvrière se trouve dans son expropriation des moyens de travailler; or, plus elle travaille sur la base d'expropriation établie, plus elle met la classe capitaliste à même de s'enrichir et d'exproprier ceux qui ne le sont pas encore. Etant donnée la forme que revêt l'instrument de travail, moyens de travailler collectifs et travail ne peuvent être réunis dans les mêmes mains, que par la transformation de la propriété capitaliste de ces moyens en propriété sociale, de la production capitaliste en production sociale. Préparée par les faits matériels du milieu existant, cette transformation, la socialisation des moyens de production à tendances collectives, est possible, et elle apparaît comme la seule façon pratique d'affranchir les travailleurs et la société entière.

Affranchis, les travailleurs le seront, puisque leur vie ne dépendra plus des moyens de travailler accaparés par d'autres et sera ce qu'ils la feront. En effet, ils choisiront librement leur genre de travail productif (1), et tous les travaux étant, suivant l'offre et la demande, ramenés dans des proportions diverses à des quantités

(1) « On assurera l'exécution des travaux tout particulièrement dangereux ou répugnants, grâce à une majoration du prix de l'heure de travail ordinaire. On établira que quatre heures, par exemple, consacrées à une de ces spécialités ingrates équivaudront à six ou sept heures de travail simple. Il n'y aura pas là, du reste, de détermination arbitraire ; la différence, pour un même gain, entre le temps employé à des travaux pénibles, variera d'après l'offre et la demande de ces derniers travaux. On n'aura pas à condamner une catégorie de travailleurs à les exécuter. Il n'existera pour personne en cette matière, ni obligation directe émanant d'une législation spéciale, ni obligation indirecte conséquence de l'impossibilité de trouver à vivre en faisant autre chose. Ceux qui accompliront ces besognes seraient absolument libres de se livrer à d'autres travaux. On ne spéculera donc point comme aujourd'hui sur leur misère, mais sur ce désir très réel chez beaucoup, soit d'un gain plus fort pour un même temps de travail, soit d'un loisir plus grand avec un même gain. Mentionnons que l'esprit de dévouement qui existe chez l'homme comme chez le chien par exemple, pourra aussi s'exercer et s'exercera d'autant plus que l'entraînement, l'émulation, comprimés aujourd'hui chez ceux qui savent qu'ils travaillent pour d'autres, prendront enfin leur essor. » (G. Deville, *Le Capital de Karl Marx résumé et accompagné d'un Aperçu sur le socialisme scientifique.* Paris, 1883, p. 35.)

déterminées de travail ordinaire, une fois déduite
sur le produit du travail de chacun une partie qui
tiendra lieu des impôts actuels, la partie nécessaire au remplacement des moyens de travailler
usés, à l'extension de la production, à l'assurance
éventuelle contre les accidents, météorologiques
par exemple, à l'entretien des incapables de
travail, aux frais généraux d'administration et de
satisfaction des besoins communs d'hygiène,
d'instruction, etc., les producteurs des deux
sexes se distribueront le reste, proportionnellement à la quantité de travail ordinaire fournie
par eux. Le droit de chaque travailleur sera égal,
en ce sens que pour tous, sans distinction, le
travail fourni sera la mesure égale, et ce droit
égal pourra aboutir à une répartition inégale,
selon qu'il sera fourni plus ou moins de travail. Le droit en vigueur dans un milieu économique, ne saurait être d'une qualité supérieure
à ce milieu, mais il ira se perfectionnant avec ce
milieu, de façon à atténuer, à mesure que les ressources matérielles le permettront, les inégalités
d'origine naturelle.

L'important est que, dès le début de la production sociale, il n'y aura plus de surtravail, plus
de classes et, partant, plus d'exploitation, comme
c'est inévitable avec la production capitaliste.
Chaque adulte apte au travail recevra, sous
une forme ou sous une autre, partie en consommation personnelle, partie en garanties sociales,

en services publics de toute espèce, la même quantité de travail qu'il aura donnée à la société. Si on est rationné, on le sera sans être exploité : le rationnement ne pouvant provenir que d'un défaut de production personnelle ou sociale, et non de la spoliation qu'implique le régime du salariat, sous lequel l'excès même de production, loin de favoriser la consommation de la classe ouvrière, n'amène pour elle, avec le chômage, qu'un excès de rationnement.

En période capitaliste, il suffit au socialisme d'établir la possibilité d'émancipation de la classe ouvrière et de travailler à cette émancipation, il n'y a pas à perdre son temps à régler les détails d'organisation de la société future (1).

(1) A la question : qu'arrivera-t-il après ? si fréquemment posée aux socialistes, comme si on pouvait citer un seul exemple d'une forme sociale qui ait été décrite à l'avance dans ses dispositions particulières, on peut faire, d'une façon générale, la réponse d'Engels, à propos du mariage et de son avenir :

« Cela se décidera quand aura grandi une nouvelle génération, une génération d'hommes qui jamais de leur vie n'auront été dans le cas d'acheter à prix d'argent, ou à l'aide de toute autre puissance sociale, l'abandon d'une femme, et une génération de femmes qui n'auront jamais été dans le cas de se livrer à un homme en vertu d'autres considérations que l'amour réel, ni de se refuser à leur amant par crainte des suites économiques de cet abandon. Et quand ces gens-là seront arrivés, ils se moqueront de ce qu'on aura pensé sur ce qu'ils devraient faire. » (*L'Origine de la famille, de la propriété*

A chaque époque sa tâche ; n'ayons pas la présomption de réglementer l'avenir et contentons-nous de nous occuper du présent. Ce que vise, à l'heure présente, le socialisme, tout en reconnaissant l'utilité qu'elle a eue, c'est la forme capital ; mais n'oublions pas que ce qui est sous cette forme sera intégralement conservé. Lorsqu'on enlève à un fonctionnaire sa fonction, il reste un individu quelconque sans un cheveu de moins ; de même, en dépouillant les moyens de production de leur fonction de capital, il restera tout ce qui fonctionne aujourd'hui sous cette forme. Le socialisme s'attaque donc à la forme capital, à cette forme seule, et il ne s'attaque à elle que dans la mesure où les phénomènes économiques l'y autorisent. Tout ce qui constitue le fond même du capital sera gardé, la forme capital seule disparaîtra et, avec elle, le pouvoir qu'elle renferme d'exploiter le travail des autres.

Quel sera le sort des capitalistes ?

privée et de l'Etat, traduction française de Henri Ravé, Carré, éditeur, p. 110.)

« Nous ne pouvons dire ce que sera la société collectiviste pas plus que nous ne pouvons dire ce que sera la machine à vapeur dans un siècle : tâchons de comprendre et de juger ce que nous faisons. » (G. Sorel, l'*Ere nouvelle*, mars 1894, p. 342).

Pour le moment, bornons-nous à étudier, à bien connaître les conditions matérielles déjà existantes ou en train de se constituer, qui élaborent une nouvelle forme sociale, et à nous adapter à ces conditions.

Le capital apparaît force collective, par son origine puisqu'il provient du surtravail accumulé d'une collectivité de travailleurs, par son fonctionnement puisqu'il lui faut aussi une collectivité de travailleurs pour entrer en exercice, par son mode d'appropriation puisque, s'il est propriété privée, il tend de plus en plus à être la propriété privée, non d'un individu, mais d'une collectivité, d'une société. En devenant propriété de la société entière, la propriété des moyens de production, qui sont capital quand ils peuvent exploiter le travail d'autrui et qui ne le sont qu'alors, ne ferait donc que généraliser le caractère collectif ou social qu'elle a déjà.

Est-ce qu'un actionnaire de mines, de chemins de fer, d'une société quelconque, est fondé à parler de « sa » propriété ? Où est-elle sa propriété, en quoi consiste-t-elle, que peut-il montrer si on lui demande à la voir ? Une machine ? Un immeuble ? Non, un ou plusieurs chiffons de papier qui ne représentent qu'une fraction infinitésimale d'un ensemble indivis. Est-ce que cet actionnaire serait beaucoup moins propriétaire parce que cet ensemble indivis entrerait dans la propriété nationale ? Est-ce qu'il y aurait une si grande différence entre « sa » propriété telle qu'elle est, et sa quote-part dans la propriété nationale ? De même que les capitalistes savent parfaitement aujourd'hui se servir des forêts nationales, par exemple, pour l'air, pour la promenade, pour le loisir, ils se serviraient pour le travail, après la socialisation des capitaux actuels, de ces autres objets de propriété nationalisés.

C'est alors qu'il y aurait réellement démocratisation de la propriété. Ce qu'on a appelé ainsi, l'éparpillement des actions et obligations, n'est que le procédé dit légitime d'extraire les espèces sonnantes de toutes les bourses, même les moins remplies, de les centraliser, d'en accaparer la possession réelle en échange d'un certificat de propriété nominale, de les faire valoir, en n'en laissant tomber que les miettes, jusqu'au jour où on ne laisse plus rien tomber du tout. Cette prétendue démocratisation de la propriété n'aboutit qu'à la fabrication d'une aristocratie financière élevant ses scandaleuses fortunes avec les bonnes pièces qui, lorsque le papier accepté à la place ne vaut plus rien, si elles sont perdues pour leurs anciens possesseurs, ne le sont pas pour tout le monde.

Que les titres représentatifs de sa part de propriété, perdent toute valeur — c'est là un accident que les actionnaires et obligataires du canal de Panama, par exemple, pourront vous affirmer n'être pas inconnu dans notre société bourgeoise — et l'actionnaire se voit, en ce cas, initié au charme d'une expropriation sans aucune indemnité ; parfois même, il en a été question pour la Société de dépôts et comptes courants, on a la délicate attention de l'inviter à verser quelque chose en sus de ce qu'il perd ; or, franchement, nos porteurs de titres ne prennent encore pas trop mal la chose. Pourquoi se fâcheraient-ils davantage le jour où il n'y aura, peut-on dire, qu'une substitution de titres, où ils deviendront tous actionnaires et obligataires de la grande société au lieu de l'être d'une ou de plusieurs petites ?

A cette transformation, ils gagneront de ne plus risquer de perdre, comme c'est arrivé, après la réalité de la propriété passée aux financiers, le revenu d'une propriété nominale tombée à zéro ou à peu près, et les moyens d'existence ou de jouissance que ce revenu comporte. Ils n'y perdront qu'une chose : le pouvoir de dominer le travail d'autrui et de se l'approprier (1), tout en gardant l'usage du fonds social et les avantages de la mise en œuvre sociale de celui-ci.

Adultes valides, ils s'approprieront, à la condition de travailler, leur part des produits sociaux. S'ils ont déjà l'habitude d'un travail quelconque, ils ne trouveront rien de pénible à cette obligation du travail utile ; s'ils n'ont pas cette habitude, ils la prendront et leur santé s'en trouvera fort bien sous tous les rapports. Agés ou infir-

(1) « Le communisme n'enlève à personne le pouvoir de s'approprier sa part des produits sociaux, il n'ôte que le pouvoir d'assujettir, à l'aide de cette appropriation, le travail d'autrui. » (Manifeste du Parti communiste, publié en 1848 par Marx et Engels, traduction française de Mme Laura Lafargue, éditée par l'*Ere nouvelle,* p. 18-19).

mes, ils vivront en rentiers, largement entretenus par la société de même que tous les vieillards et tous les infirmes, ils toucheront des arrérages comme à présent.

Ce à quoi ils peuvent raisonnablement tenir, c'est aux moyens de vie, ces moyens ils les auront, vous le voyez, de toute manière. La socialisation des forces collectives de production n'aboutit pas, elle, au changement de poche qu'exécutent les émissions financières des panamistes et Cie, mais à l'extension à tous, y compris les actionnaires, des avantages dont une minorité seule jouit aujourd'hui, et à la suppression pour tous, les actionnaires en tête, des risques que l'exploitation capitaliste fait courir à tous.

Tandis que nos adversaires affectent pour l'instant (1) de dire que leur « boussole, c'est l'œuvre de la Révolution » (2), ce sont les socialistes

(1) Cette restriction était justifiée ; voici, en effet, comment certains d'entre eux ont envisagé depuis ce respect absolu qu'ils nous reprochaient de ne point professer :

« Nous avons l'audace de croire que cette exécution de Lavoisier ne fait point partie du fameux « bloc » révolutionnaire, devant lequel il nous est ordonné d'abdiquer tout discernement et de nous prosterner, tous les matins, comme des musulmans s'inclinant vers la Mecque, ou des fétichistes adorant, surtout dans ses laideurs, leur idole au regard imbécile. » (*Le Temps*, 11 mai 1894, 1re page, article « pour Lavoisier ».)

(2) Discours de M. Célestin Jonnart, député du Pas-de-Calais. — *Journal des Débats*, éd. rose, 10 juin 1893,

seuls qui cherchent véritablement, en s'adaptant aux conditions de possibilité actuelles, à faire une réalité pour tous de l'article 2 de la Déclaration des droits de l'homme et du citoyen, article conçu en ces termes :

« Le but de toute association politique est la conservation des droits naturels et imprescriptibles de l'homme. Ces droits sont la liberté, la pro priété, la sûreté et la résistance à l'oppression »

Hé ! hé ! on peut aller loin avec cet article Sans me croire très malin, je me ferais fort, si nous n'avions pas une base plus solide, d'en tirer toute notre théorie collectiviste.

Ici, comme toujours, ces messieurs ont bien soin de ne pas mettre leurs actes d'accord avec leurs paroles. Les phrases en faveur de la liberté et de la propriété ne leur coûtent rien ; mais ils ne combattent rien tant que le socialisme qui, seul, veut assurer et peut assurer à tous cette liberté et cette propriété. Ils se vantent de défendre l'œuvre de la Révolution et savez-vous ce qu'ils ont réclamé de nouveau tout récemment, c'est l'abrogation de la loi du 19 juillet 1791 par laquelle la Constituante, l'assemblée qui a voté la Déclaration des droits, a autorisé la taxe sur le pain et la viande de boucherie. Ils sont les partisans passionnés de l'Ordre des avocats, or c'est encore la Constituante qui, par les décrets du 2 septembre et du 15 décembre 1790, a supprimé cet ordre et ses privilèges. Et combien de faits de cette nature pourrait-on s'amuser à découvrir! Ou les adversaires du socialisme prônent sincèrement l'observation intégrale des principes de la Révolution, et alors qu'ils commencent par prêcher d'exemple. Ou ils reconnaissent que des modifications s'imposent, et alors de quel droit les modifications permises aux uns seraient-elles interdites aux autres? La vérité est que, seuls, les socialistes sont véritablement dans les traditions de la Révolution, si on considère non ce que les révolutionnaires du siècle dernier ont fait, admirablement fait, et ce qu'ils pouvaient seulement faire, mais ce qu'ils prétendaient faire, loin de se présenter en sauveurs d'une classe et d'un pays, se posant, en effet, en sauveurs de l'humanité entière, en défenseurs de grands principes généraux (1).

En définitive, le socialisme ne dépouillera personne. A qui prétendrait le contraire, je demanderais comment devraient alors être qualifiées les opérations sur les biens de la noblesse, du clergé (2) et surtout des communes, conduites par

(1) « Cosmopolite en ses tendances, la Révolution a vraiment travaillé, même dans ses entreprises les plus techniques, au profit du genre humain. On lui a fait assez souvent le reproche d'avoir cherché à étendre au delà des frontières, par une propagande indiscrète, un principe politique, pour lui donner au moins le bénéfice d'avoir propagé les grandes vues civilisatrices. » (*Le Temps,* 20 décembre 1895, article sur « l'Angleterre et le système métrique ».)

(2) M. de Baudry d'Asson ayant parlé des biens « vo-

nos grands bourgeois révolutionnaires, par ceux
dont l'œuvre est passée à l'état de « boussole ».
Dès l'instant qu'il n'y aura pas simple substitution d'une classe à une autre, dès l'instant que
tous sans exception jouiront des mêmes avantages, personne ne sera dépouillé ; il y aura seulement un privilège de moins. Oui, les capitalistes verront disparaître, avec le privilège spécial qu'ils ont sur les moyens de production, leur
qualité de capitalistes ; mais, je le répète, ils auront sur ces moyens, dorénavant sociaux et ina-
liénables, exactement les mêmes droits que tous
Le capital détrôné, la République s'étendra enfin
au domaine économique comme au domaine politique (1).

lés » au clergé par la Révolution, fut interrompu en ces
termes par le président, M. Brisson, aux applaudissements de la gauche et du centre : « Vous ne pouvez pas
appeler biens volés, des biens qui ont été rendus à la nation par des lois régulières. » (Séance de la Chambre,
16 février 1895.)

L'identité est complète, le socialisme devant procéder
lui aussi « par des lois régulières ».

« La confiscation des fortunes des trente mille mil-
liardaires et millionnaires, qui possèdent les trois cin-
quièmes de la propriété immobilière et mobilière des
Etats-Unis, n'aurait, après tout, rien d'extraordinaire
ni même de plus scandaleux que ne l'a été, dans notre
vieille Europe, celle des biens relativement moins considérables et provenant d'une source peut-être plus
pure, de la noblesse et du clergé. » (*Les Bourses du
Travail*, par G. de Molinari, Paris, 1893, préface, page IX).

(1) « Le capital ! J'ai prononcé là un mot qui est devenu

Il y a cependant des gens qui affirment que nous
préconisons « la destruction de la société par la
spoliation et le meurtre » (1); c'est ainsi qu'ont
parlé il y a six mois les fondateurs d'une soi-disant « association républicaine réformiste », et à
leur tête se trouve le sénateur Bernard Lavergne
qui a senti la nécessité de faire un peu de réclame à son élucubration sur « l'évolution sociale ». Dans ce volume figurait déjà l'allégation
que je relève ; après avoir déclaré (p. 80) que
nous étions décidés à nous « débarrasser du bourgeois » — ce sont les termes mêmes de M. Bernard Lavergne — il ajoutait pour toute preuve :
« son sang, comme dit M. Deville, sera une rosée
féconde », et il mettait soigneusement les deux
mots « rosée féconde » entre guillemets. Or cette
phrase, cette expression, que M. Bernard Lavergne m'a attribuée, je ne l'ai jamais émise et,
pas plus que la forme, le fond n'est de moi.

comme une cible. Il faudrait cependant montrer qu'il
n'est pas autre chose que la somme des efforts accumulés par le peuple le plus laborieux peut-être qui soit à
l'heure actuelle. Ce capital sans cesse dénoncé, sans
cesse menacé, n'est pas autre chose que le fruit d'un labeur quotidien dans lequel notre peuple français s'est
montré le premier de tous les peuples ». (Discours de
M. Waldeck-Rousseau à Roanne ; *Le Temps*, 17 nov. 1895.)
    Pourquoi M. Waldeck-Rousseau s'étonne-t-il que les
socialistes veuillent précisément rendre au « peuple » ce
qui n'est d'après lui-même, « autre chose que la somme
des efforts accumulés par le peuple » ?
    (1) *Le Temps*, post-scriptum du 26 mai 1893

Dès que j'eus connaissance de cette citation fausse, j'écrivis à **M.** Bernard Lavergne, m'étonnant qu'il m'eût prêté une opinion que je n'ai énoncée nulle part, alors qu'il avait lu et cité plusieurs fois une étude où j'ai précisément exposé l'opinion contraire. Je faisais appel à sa loyauté, personne ne m'a répondu, et trois mois après, dans le manifeste de son association, il a reproduit la même allégation mensongère, sans aucun semblant de preuve, il est vrai, cette fois.

Cette obstination dans l'erreur, rapprochée de la précaution impolie de s'abstenir de tout accusé de réception, me donne le droit de dire que ce sénateur, qui se permet de traiter les socialistes d'ambitieux sans sincérité, pourrait bien, lui, n'être qu'un malhonnête adversaire (1).

Les procédés de Norton sont, du reste, semble-t-il, obligatoires pour la domesticité de la classe capitaliste.

Dans sa dernière spéculation de librairie, d'une argumentation très économique, M. Yves Guyot, non content d'avoir transformé la démonstration par l'absurde en démonstration faite par un être absurde, invente (p. 195) que j'ai publié « tranquillement dans un volume cette phrase méditée à loisir : « La dynamite et autres moyens de per-

---

(1) Accusé « d'avoir donné entre guillemets une citation fausse », *Le Temps* déclare lui-même : « C'est là un procédé de polémique si malhonnête... » (18 avril 1894, 1re page.)

suasion semblables sont les engins indispensables
pour amener la société contemporaine récalci-
trante à la solution communiste ». Et il a soin de
mettre en note : « *Aperçu sur le socialisme
scientifique*, 1884. » Pourquoi, pendant qu'il y
était, n'avoir pas indiqué la page ? Son mensonge
n'en aurait pas souffert ; car cette phrase — la
vérification est à la portée de tous — ne se rencontre nulle part dans le volume cité. Bien mieux,
cette phrase, si elle a été méditée « à loisir », l'a
été non par moi qui, jusqu'ici, ne l'avais jamais
écrite, mais par lui, Guyot, désireux sans doute
de faire dire à son tour : il falsifie en vieillissant.

Quels ignobles gredins, n'est-ce pas, que les
gens qui, à bout d'arguments, **ne reculent** pas
devant un faux !

VII

Loin d'être un bouleversement matériel, l'avènement du socialisme ne sera que le couronnement de l'évolution économique en cours. Né, dans sa forme contemporaine, de l'étude des faits, le socialisme voit dans les faits les éléments directeurs des modifications à opérer. Il n'a pas la prétention de précéder les phénomènes économiques, il se borne à les suivre, à s'adapter à des conditions qu'il ne crée pas et n'a pas à créer. Or, si, partout où est déjà effectuée l'appropriation collective des moyens de production entre les mains de sociétés particulières ou leur concentration entre les mains d'un seul, ces moyens ne peuvent être mis à la disposition de tous que par la substitution de la société entière aux détenteurs capitalistes, là où des moyens de travail se trouvent encore sous la forme d'appropriation réellement individuelle, c'est-à-dire entre les mains de qui les met directement en œuvre, la société n'a pas à prendre la place des propriétaires actuels. Si la société intervient, en effet, c'est pour donner, sous la seule forme possible aujourd'hui, les moyens de production aux travailleurs qui ne les ont pas, c'est pour remettre en possession de leur instrument et de la matière de travail ceux qui en sont dépossédés ; elle n'a donc pas à intervenir là où des travailleurs ont encore cet instrument et cette matière. Aussi le paysan conservera le lopin de terre qu'il possède et qu'il cultive, son petit instrument de travail continuera à appartenir au petit industriel qui le met lui-même en mouvement, tant que les faits ne les auront pas conduits à renoncer volontairement à une ingrate appropriation privée, pour jouir des bénéfices autrement rémunérateurs de l'appropriation et de la production collectives.

En outre, de même que, en période capitaliste, les modifications apportées par le développement du machinisme ont réagi même sur les branches de production que le machinisme n'envahissait pas, en développant, par exemple, dans toutes, l'exploitation des femmes et des enfants, de même, les avantages de la socialisation des moyens de production centralisés par les capitalistes, se répercuteront sur les petits propriétaires des moyens de production qui ne seront pas socialisés. Le petit producteur resté maître de son moyen de travail, trouvera près de la collectivité l'aide dont il a besoin, et sera notamment délivré des intermédiaires financiers dont il est à cette heure la victime ; son travail, libéré de leur exploitation, sera à son tour affranchi comme le sera également, quoique sous une autre forme, le travail de ceux qui, exploités parce qu'ils n'ont pas les moyens de travail, verront mettre socialement ces moyens à leur disposition. On aboutira ainsi pour tous à l'affranchissement du travail en livrant socialement ou en laissant individuellement, suivant les cas, son moyen de travail à chaque travailleur (1).

Et, n'en déplaise à nos adversaires, cette façon de procéder est très logique, bien qu'elle ne soit pas conforme à la logique telle qu'ils affectent de la comprendre. La logique des socialistes ne consiste pas, parce que certains faits réclament une solution, à imposer la même solution aux faits qui ne la réclament pas encore, à faire vivre les poissons hors de l'eau parce que ce régime convient aux hommes. Elle consiste à s'adapter partout au milieu, aux faits, à agir toujours d'après les faits, au lieu d'exiger l'identité d'action en face de faits différents. A ceux qui viendront, à ce propos, vous opposer le « pur dogme de l'église socialiste », vous n'avez qu'à répondre qu'il n'y a ni église socialiste, ni dogme socialiste, mais qu'il y a beaucoup trop de bourgeois imbéciles travestissant en dogmes du socialisme des idées de leur cru.

(1) A ce propos M. Ed. Aynard ose parler de « contradictions effrontées » (*Journal des Débats*, 21 janvier 1896, 3me page). Il n'y a en cela d'effronté que lui-même ; et peut-être pousse-t-il l'effronterie jusqu'à trouver extraordinaire que des socialistes, mal traités par lui, répondent sur le même ton

Depuis juste seize années que notre théorie socialiste est développée en France, elle n'a jamais varié au sujet des petits producteurs. Ceux qui prétendent le contraire, parlent d'après ce qu'ils imaginent et non d'après ce qui est. Je les mets au défi d'établir que nous n'avons pas toujours parlé de même à propos, par exemple, de la petite propriété paysanne (1). Ils accusent

(1) Je me permettrai de rappeler, par exemple, un article que j'ai publié le 7 octobre 1881, dans le *Citoyen*, sous le titre « Socialisme et paysan », et où je disais exactement ce que je dis aujourd'hui, sans avoir changé dans l'intervalle.

Mais tandis que, pendant longtemps, personne, à ma connaissance, dans le parti socialiste, ne trouva à redire à cette thèse, celle-ci a eu, depuis bientôt deux ans, à subir de rudes assauts. Contre elle, Engels a mobilisé toutes les ressources de son puissant esprit et jeté dans la balance le poids de son autorité. Et ceux qui, d'habitude, reprochent aux marxistes français l'origine allemande de Marx et d'Engels, leur ont, en la circonstance, reproché de ne pas penser comme Engels ; à mon avis cependant, au moins sur la marche à suivre en cette matière, Engels s'est trompé et se trompent avec lui Kautsky et ses partisans. C'est ce que je vais essayer d'établir en me servant de l'article de Kautsky, « le congrès de Breslau et la question agraire », traduit dans le numéro de décembre dernier de la *Jeunesse socialiste*, et en l'approuvant lorsqu'il écrit : « notre unité sur les questions essentielles doit nous éloigner de toute âpreté dans nos divergences sur des points de détail ».

Il est entendu, n'est-ce pas, que notre communisme n'est pas un communisme apriorique. Comme l'a dit Antonio Labriola (*En mémoire du manifeste du parti communiste, le Devenir social*, juin 1895, p. 240), « le communisme

maintenant notre opinion en cette matière d'opportunisme dans le sens politique du mot ; ils pourraient, à plus juste raison, nous accuser d'avoir
toujours professé l'opportunisme, mais en prenant
cette fois ce mot dans le sens que sa dérivation implique. Vous savez combien il faut éviter la confusion — opportune il est vrai pour certains —

n'est pas l'état naturel et nécessaire de la vie humaine
dans tous les temps et dans tous les lieux, d'après lequel
tout le cours des formations historiques peut être considéré comme une série de déviations et d'aberrations.
On ne va pas au communisme ou on n'y retourne pas par
abnégation spartiate ou par résignation chrétienne », ni,
ajouterai-je, par goût préconçu, isolé des phénomènes
qui le légitiment.

Il est entendu que « lors même qu'une société est
arrivée à découvrir la piste de la loi naturelle qui préside
à son mouvement, elle ne peut ni dépasser d'un saut, ni
abolir par des décrets les phases de son développement
naturel ; mais elle peut abréger la période de la gestation,
et adoucir les maux de leur enfantement. » (Marx, *Le
Capital*, 1er vol. édition française, préface, page 11.)

Il est entendu enfin que « en France aucune transformation durable n'est possible sans le paysan » (article
d'Engels, *Neue Zeit*, 1894-95, 1er vol., n° 10, p. 301).

« En France, les socialistes — a écrit Engels en les
approuvant — comprennent de plus en plus qu'aucune
victoire durable n'est possible à moins de gagner auparavant la grande masse du peuple, c'est-à-dire ici les
paysans. » (Préface de « la Lutte des classes en France,
1848-1850 » par Karl Marx, p. 16 ; traduction française
publiée par la *Jeunesse socialiste*, septembre 1895, p. 400.)

Dans ces conditions Kautsky écrit : « La résolution de
Breslau n'exclut qu'une tactique : celle qui consiste à
s'opposer à la prolétarisation des petits paysans, mais
elle n'exclut nullement toutes les mesures qui améliorent

du sens politique d'un mot avec le sens propre.
Les radicaux politiques sont loin d'être radicaux
dans le sens ordinaire, et leurs frères ennemis
les opportunistes, au lieu de vouloir ce qui est
opportun, ne trouvent opportuns que la satisfaction de leurs appétits et l'ajournement de tout le
reste. Dans le sens propre — c'est le cas de le

leur état misérable. Prolétarisation et misère ne sont
pas nécessairement deux choses identiques, bien qu'elles
se rencontrent souvent ensemble » ; puis : « mettre
obstacle à la misère du paysan, mais non à sa prolétarisation, tel est donc notre rôle » ; et plus loin : « l'expropriation, la prolétarisation, est la méthode capitaliste de
progrès de la grande exploitation. Une société communiste aurait à sa disposition des méthodes de développement plus humaines ».

Quelle est la tâche immédiate et importante du parti
socialiste ? C'est, Kautsky le dit lui-même dans l'article
qui m'occupe, « de rendre le prolétariat capable de conquérir la puissance politique » ; car, une fois le pouvoir
politique conquis, on pourra réellement favoriser l'évolution économique en cours, et la favoriser sans devenir
l'artisan de la ruine et de la souffrance de ceux qu'elle
atteindra, en employant les méthodes « plus humaines »
inconciliables avec le milieu capitaliste.

Quel est le moyen le plus rapide de conquérir le pouvoir ? C'est évidemment de rallier le plus tôt possible la
masse au socialisme.

Quelle est la meilleure voie pour amener la masse au
socialisme? C'est, en toutes occasions, de prouver par
les faits à cette masse que le parti socialiste consacre
sincèrement tous ses efforts à la défendre, à la protéger
et que, si ses tentatives échouent, c'est parce qu'il est
encore en minorité. Ce n'est pas en poussant à la roue
pour hâter l'expropriation, la prolétarisation des paysans,
sans lesquels on ne peut rien, lorsque, à tort ou à raison

dire — du mot, il ne peut y avoir de **parti** plus foncièrement opportuniste que le parti socialiste qui doit se borner, je ne cesserai pas de le répéter, à s'adapter aux faits et qui n'a d'autre guide que les faits pour la transformation de la propriété.

Là où nous disons : transformation de cette propriété qui n'est autre chose, on est obligé de

— mais pas tout à fait à tort entre nous — ils la redoutent par-dessus tout dans l'état actuel, qu'on les gagnera à notre cause ; c'est, au contraire, en leur démontrant, ce qui est la stricte vérité et ce que déjà ils soupçonnent, qu'au régime capitaliste seul, à ce régime dont les socialistes poursuivent la disparition, ils doivent cette prolétarisation et ses conséquences désastreuses qui les épouvantent à juste titre; car, quoi que semble en penser Kautsky, le paysan n'est guère en situation, lui, de voir sa prolétarisation aboutir à autre chose qu'à la misère la plus déprimante et la plus pénible, malgré l'intention, condamnée à rester platonique, de lui épargner celle-ci tout en facilitant celle-là.

Avec la tactique préconisée par Kautsky, sous prétexte de favoriser la transformation économique — satisfaction qui serait fort critiquable puisqu'il faudrait, pour l'obtenir, accommoder la réalité à des vues théoriques qui la devanceraient, créer les faits au lieu de nous borner à nous adapter à eux — nous nous mettrions à dos la grande masse paysanne, indispensable, je le répète, nous retarderions ainsi l'arrivée au pouvoir du prolétariat, finalement nous réaliserions beaucoup plus tard ce que, par le procédé opposé, nous pouvons hâter. En outre, nous endosserions, aux yeux de la masse, la responsabilité trop directe des suites, fâcheuses pour elle, de l'évolution économique dont, loin d'y contribuer ou de paraître y contribuer, nous devons seulement tendre à lui adoucir, dans la mesure du possible, les maux présents.

le confesser, qu' « une institution sociale » (1),
nos adversaires, avec leur étrange manière de
nous rendre justice, disent : suppression de la
propriété. « Les socialistes de toutes les écoles
ont décrété la suppression de la propriété » (2),
affirment notamment « un certain nombre d'hommes jeunes, étrangers jusqu'ici à la politique »(3)
— cette partie de la phrase n'est pas de moi, elle
est l'œuvre, peut-être la moins critiquable, des
hommes jeunes en question, qui ont éprouvé le
besoin de parler de ce à quoi ils avouent être
étrangers. Leur aveu est superflu, nous nous serions bien aperçus tout seuls qu'ils parlent du
socialisme en gens qui n'y entendent rien.

Ces hommes jeunes, en fondant le « comité
d'action de la gauche libérale », ont écrit : « Nous
sommes partisans de la liberté individuelle et de
la propriété individuelle » (4). Je suppose, jusqu'à preuve prochaine du contraire, qu'ils n'en
sont pas partisans seulement pour eux et leurs
amis. S'ils en sont partisans pour tout le monde,
je les prierai de dire ce qu'ils pensent de la liberté de celui qui ne possède pour vivre que sa
force de travail sans les moyens de l'exercer (5).

(1) Discours de M. Célestin Jonnart. — *Journal des
Débats*, éd. rose, 10 juin 1893.
(2) Déclaration du « Comité d'action de la gauche libérale » — *Journal des Débats*, éd. rose, 22 mai 1893.
(3) Idem.
(4) Idem.
(5) Suivant l'expression de Marx (*Critique de la philo·*

Ou ils reconnaissent que tout homme doit avoir les moyens de travail à sa disposition, et je leur demanderai comment, avec l'industrie mécanique, ils espèrent mettre à la disposition de tous, ces moyens nécessaires à la liberté de tous.

Ou ils ne reconnaissent pas que tout homme, pour être libre, doit disposer de l'instrument et de la matière de travail, et alors je leur demanderai ce que devient la liberté de celui à qui le patron peut dire : si vous faites telle ou telle chose, si vous n'acceptez pas telle ou telle chose, vous n'aurez pas de travail, c'est-à-dire vous n'aurez pas la possibilité de manger. Et pour qu'ils ne me reprochent pas de me lancer dans des hypothèses plus noires que nature, je soumettrai à leurs méditations le fait suivant raconté par le *Temps*, lors de la grève de Rive-de-Gier (1).

« Un chauffeur de machine des Etaings tombe malade. Il est remplacé, pendant toute la durée de sa maladie, par un simple manœuvre à 2 fr. 50 la journée. Le titulaire du poste, guéri, vient reprendre son service. Il est tout surpris, à la fin

sophie du droit de Hegel, parue en 1844 dans les « Annales franco-allemandes », publiées à Paris, traduction d'Ed. Fortin, *le Devenir social*, sept. 1895, p. 503), les libéraux se trouvent « une seule fois dans la compagnie de la liberté : le jour de son enterrement ».

(1) N° du 8 mars 1893, 2ᵉ page.

de la quinzaine, de ne recevoir que 2 fr. 5o par journée, alors qu'on le payait, avant sa maladie, 4 fr. Il réclame. « C'est à prendre ou à laisser, lui dit-on ; nous avons constaté qu'un manœuvre à 2 fr. 5o s'acquittait aussi bien que vous de ces fonctions ; nous vous remettons à 2 fr. 5o. Partez ou acceptez. » L'homme avait de la famille et le choix lui était interdit. Il accepta. »

Devant de tels faits, M. Célestin Jonnart a l'aplomb que je qualifierai, en lui renvoyant une de ses épithètes à notre adresse, de « scélérat », de prétendre que les socialistes « préparent des générations qui ne sauront que courber la tête et seront prêtes pour toutes les défaillances » (1). Ces générations-là, monsieur, ne sont pas à faire ; elles sont à relever, et c'est à quoi travaille le socialisme.

Si je n'ai cité qu'un fait, ce n'est pas que les faits de ce genre soient rares, c'est que celui que j'ai cité a l'avantage de venir du *Temps* qui peut être soupçonné de tout ce qu'on voudra, excepté de socialisme. Puis, outre qu'il prouve combien l'ouvrier est libre dans son choix, ce fait montre comment se conclut le libre contrat entre capitaliste et ouvrier : lorsque ce chauffeur reprend sa place, il s'imagine naturellement la reprendre aux conditions anciennes, et personne ne le détrompe. Le jour de la paye, une quinzaine après

(1) *Journal des Débats*, éd. rose, 10 juin 1893.

seulement, il s'aperçoit qu'il lui faut conclure un contrat libre autre que celui qu'il était en droit de croire en vigueur, et accepter 2 fr. 50 au lieu des 4 fr. attendus et convenus.

Sont-ce des hommes libres, ce chauffeur et ses pareils? J'aimerais assez à avoir là-dessus, l'opinion de M. Léon Say qui, il n'y a pas longtemps se posait contre les socialistes, en champion de « la liberté et la dignité humaines » (1). La vérité est que le travailleur n'est libre que si, au droit d'être libre, il joint le pouvoir effectif de l'être, que s'il a à sa disposition les choses nécessaires à la réalisation de son travail, que s'il n'a pas, autrement dit, à se mettre à la merci des possesseurs de ces choses. N'est pas libre, quoi qu'en dise la loi, celui qui dépend d'autrui pour sa subsistance. Ce qu'il faut, c'est munir des moyens de travail les travailleurs qui ne les ont pas ; or, étant donnée la manière d'être de ces moyens, la société ne peut en assurer la possession à tous que lorsque ces moyens auront été socialisés, seront devenus propriété sociale. Quant aux travailleurs qui possèdent encore leurs moyens de travail, ils les garderont comme je l'ai expliqué tout à l'heure. En fait, seul le socialisme veut ce qui est nécessaire pour que la liberté individuelle soit une réalité pour tous.

De même en ce qui concerne la propriété indi-

____

(1) *Journal des Débats*, éd. blanche, 1ᵉʳ juin 1893.

viduelle. De tout ce que je viens d'exposer, il ressort que la seule propriété que le socialisme veuille transformer, est la propriété dont l'usage n'est déjà plus individuel; c'est la propriété qui se constitue à l'aide des malheureux lambeaux de propriété arrachés à l'immense majorité, c'est celle qui n'existe qu'au détriment de cette même majorité (1). Et encore, en ce cas, il n'y aura pas suppression, puisque les détenteurs actuels seront admis à l'usage de leur propriété transformée, au même titre que les autres.

Quelle est donc la propriété de « ces masses silencieuses qui travaillent et luttent si péniblement pour l'existence et qui sont vraiment les artisans de notre grandeur ? » (2) Ne sont-elles pas tous les jours dépossédées davantage par votre société capitaliste, de moyens de travail et d'une demeure leur appartenant, et réduites à ne plus s'approprier individuellement que les choses indispensables au strict entretien de la vie ? C'est le régime capitaliste qui, en accroissant démesu-

(1) « L'économie politique cherche, en principe, à entretenir une confusion des plus commodes entre deux genres de propriété privée bien distincts, la propriété privée fondée sur le travail personnel et la propriété capitaliste fondée sur le travail d'autrui, oubliant, à dessein, que celle-ci non seulement forme l'antithèse de celle-là, mais qu'elle ne croît que sur sa tombe. » (Marx 1er vol. du *Capital*, éd. franç., p. 343.)

(2) Discours de M. Célestin Jonnart. — *Journal des Débats*, éd. blanche, 10 juin 1893.

rément la propriété de quelques-uns, restreint pour les autres la possibilité d'appropriation personnelle. C'est le régime socialiste qui accroîtra cette possibilité d'appropriation personnelle, en assurant à chacun la part acquise par son travail. Ce n'est qu'en régime socialiste que la propriété individuelle sera une réalité pour tous, ce régime seul supprimant, mais ne supprimant que la possibilité d'exploitation du travail d'autrui à l'aide de cette propriété.

VIII

Il paraît que, du moment où on ne pourra plus
exploiter l'individu, il n'y aura plus d'individualité (1) ; ce qui signifie que, pour les capitalistes,
celle-ci n'existe que dans la mesure où elle leur
rapporte ; tandis que, pour les socialistes, elle
n'existe que dans la mesure où elle est libre.
Or, comme ce n'est, nous venons de le voir, qu'en
période socialiste que tous les individus pourront avoir les moyens d'être libres, il en résulte
que le triomphe du socialisme sera le triomphe
de l'individu, l'épanouissement de la personnalité (2). En période socialiste, en effet, tous ceux

(1) On peut appliquer à la future organisation sociale
le mot sur l'Internationale d'Antonio Labriola dans
l'étude déjà citée (*le Devenir social*, juillet 1895, p. 326) :
« elle ne paraît autoritaire qu'à ceux qui ne pourront pas
y faire prévaloir leur propre autorité ».

(2) « Le libre développement de chacun est la condition du libre développement pour tous ». (Marx et Engels,
Manifeste du parti communiste, p. 24.)

« Dans la société bourgeoise, le capital est indépendant
et personnel, tandis que l'individu agissant est dépendant et privé de personnalité. » (Idem, p. 18.)

qui voudront travailler pourront le faire, en choisissant librement leur genre de travail socialement utile, et tous seront mis à même de consommer proportionnellement à leur travail. Tous, n'auront-ils pas, dès lors, intérêt à travailler et à tâcher que leur travail soit le moins pénible et le plus rémunérateur possible ? N'y a-t-il pas là, en dehors même de la jouissance du service rendu à ses semblables, le plus puissant motif d'émulation, d'abord pour la quantité de travail individuel, ensuite pour la découverte de procédés de nature à procurer à tous et à chacun le maximum d'avantages avec le minimum d'efforts ?

Il faut quelque audace pour oser comparer ce que seront de la sorte les producteurs, à ce que sont aujourd'hui les fonctionnaires. Quel est le fonctionnaire intéressé aujourd'hui à ce que le service dont il est chargé coûte moins à l'Etat ? Ses appointements, déterminés avant tout travail, sont indépendants de la quantité et de la qualité de ce travail ; aussi le fonctionnaire, tout en s'indignant contre les ouvriers qui ne voudraient travailler que huit heures, ne cherche, lui, qu'à travailler le moins possible, et il gaspille le plus possible, parce que ça ne lui coûte jamais rien et que parfois ça lui rapporte. Tandis que, en régime socialiste, l'intérêt personnel concordera avec l'intérêt de tous, dans le système existant l'intérêt personnel des fonctionnaires est en contradiction avec l'intérêt de l'Etat. En régime socialiste, les hommes, tous les hommes, seront des producteurs et non des fonctionnaires ; ils ne seront pas plus fonctionnaires que ne le sont, dans une famille, les membres qui, pour la satisfaction de ses besoins, remplissent des fonctions diverses (1).

(1) **Les** mêmes gens qui, dès qu'ils décrochent un ministère, s'empressent, sous prétexte de constituer leur cabinet, de faire une nouvelle fournée de fonctionnaires inutiles, nous accusent de vouloir développer le fonctionnarisme et ses horreurs. Je citerai à ce propos quelques passages d'une étude de Jean Jaurès (*Organisation socialiste*, chap. II, *Revue socialiste*, avril 1895) :

« Comme le socialisme seul en assurant à tout homme une part de propriété, assurera à tout homme l'indépendance, comme seul en adoucissant les luttes pour la vie il réservera les loisirs et les forces de l'humanité pour le développement des facultés supérieures, comme seul il abattra les hiérarchies hautaines et cette dépendance des intérêts qui crée la servilité des âmes, seul aussi il affranchira la démocratie des entreprises violentes ou cauteleuses du pouvoir, et il délivrera de leur rôle souvent odieux et triste ceux qui sont aujourd'hui ses instruments, et qui sont parfois ses victimes au point d'être ses bourreaux. Et ainsi, quand on s'imagine que le socialisme, en constituant à l'état de fonction sociale la propriété privée, développera ce qu'on appelle le fonctionnarisme et avec lui la servilité et la tyrannie, on oublie que seul il fera disparaître du fonctionnarisme cette servilité tyrannique qui aujourd'hui le déshonore...(p. 404.)

« Quand la situation de chacun sera assurée, quand tout citoyen aura, s'il le veut, un travail certain, quand il sera rémunéré selon son travail, quand il s'élèvera par le témoignage de ses compagnons, qu'importeront les intrigues ou les menaces ou les vanités d'un politicien, si même il subsiste encore des politiciens ? Le suffrage

D'ailleurs, il paraît que déjà dans les forêts primitives existaient de véritables légions de fonctionnaires. C'est du moins l'interloquante nouvelle que M. Célestin Jonnart a eu l'amabilité de nous communiquer. Car, dans le même paragraphe de son discours, il a accusé les socialistes de songer « à faire pousser sur notre sol de nouvelles armées de fonctionnaires » (1) et « de nous ramener à la société primitive » (2). Vous voyez que la conclusion s'impose : nos premiers ancêtres ont été de redoutables fonctionnaires, et nous serions, à l'en croire, assez dénaturés pour vouloir refaire de M. Célestin Jonnart un fonctionnaire primitif n'ayant plus qu'une peau de bête sur la sienne.

Les forêts primitives étaient du reste, semble-t-il, assez confortablement aménagées ; on y jouissait, par exemple, de l'éclairage électrique, du téléphone, du chemin de fer, d'une collection de machines à dégoter l'exposition de Chicago et de beaux-pères aussi calés que M. Aynard. On ne saurait, en effet, loyalement rapprocher deux états sociaux qui n'auraient pas à peu près les

universel ne sera plus à la merci de ceux qu'il aura créés.... (p. 406.)

« Quand on s'imagine que nous voulons créer un fonctionnarisme étouffant, on projette sur la société future l'ombre de la société actuelle. » (p. 408.)

(1) *Journal des Debats.* éd. rose, 10 juin 1893.

(2) Idem.

mêmes ressources matérielles, les mêmes puissants moyens d'action. Dès lors, de deux choses l'une : ou les sociétés primitives avaient et nos ressources et nos moyens, mais, jusqu'à preuve du contraire, c'est assez invraisemblable ; ou le résultat du socialisme sera de détruire tout ce que n'avaient pas les sociétés primitives, en ce cas M. Célestin Jonnart aboutit à soutenir que, transformer la forme d'appropriation, équivaut à supprimer les choses appropriées, et cette confusion est au moins aussi burlesque que la première hypothèse (1).

En définitive, toute la question se résume à ceci : l'esprit d'initiative et d'énergie personnelle peut-il être plus répandu dans la masse, quand celle-ci sait qu'elle est obligée de faire de sa misère l'instrument du bien-être d'une minorité, ou quand elle saura que son bien-être sera ce qu'elle le fera, et cela sans excepter personne ? Pour

(1) Et ceux qui accusent aussi intelligemment les socialistes de ramener la société en arrière, rêvent de la faire rétrograder, les uns jusqu'en 1789, les autres — les disciples de Le Play, par exemple — encore au delà, comme l'a formellement déclaré dans leur Congrès annuel de 1895, le réacteur belge Bernaert, aux applaudissements de M. Georges Picot et Cie. Et, sans doute pour remercier M. Georges Picot, ce professionnel du patriotisme, de s'être montré le plat adulateur d'un étranger et d'avoir fait insulter en France, par un belge malpropre, les traditions de cette Révolution dont nos gouvernants se réclament, ceux-ci l'ont décoré il y a quelques semaines.

tous ceux qui ne sont pas trop enclins à la négation de la vérité, la réponse n'est pas douteuse. Seulement, en régime socialiste, l'initiative et l'énergie ne pourront pas ne favoriser que l'intérêt personnel ; tout en étant plus favorables que jamais à cet intérêt, elles profiteront forcément à tous. Dès que les conditions matérielles à réaliser pour atteindre le bien-être individuel, seront aussi les conditions du bien-être social, nous verrons surgir de cette concordance une morale basée sur la conscience acquise de la solidarité sociale et telle que l'action de l'individu aura, non plus seulement pour résultat nécessairement atteint par ricochet, mais aussi pour mobile et pour but, l'intérêt social, le plus grand bien de tous.

Il semble que tous devraient, dès maintenant, unir leurs efforts pour hâter la réalisation d'un milieu social profitable à tous. En fait, sauf une infime minorité de gros financiers, de gros capitalistes, tous ceux qui travaillent ou ont travaillé de la main ou du cerveau, tous sont intéressés au triomphe du socialisme ; malheureusement tous n'ont pas conscience de l'insécurité indéniable (1) pour tous du milieu capitaliste et de l'avantage de tous à le transformer conformément à ses tendances sociales, et beaucoup chercheront

---

(1) « Jamais moins qu'aujourd'hui on n'a été sûr de demain. » (Discours de M. Jules Lemaître, déjà cité.)

niaisement à prolonger l'état dont ils souffrent.

Le socialisme n'écarte personne et est ouvert à tous ceux, quelle que soit leur position sociale, qui comprennent sa nécessité. Mais, s'il est loin de les repousser, tout en s'efforçant même de les attirer, il ne peut pas d'avance compter, d'une façon générale, sur ceux qui, trop facilement portés à être dupes d'illusions nées d'une situation sociale plus ou moins privilégiée, ne savent pas s'élever à la notion de leurs intérêts véritables. En préparant le terrain au socialisme qui se développe partout où le mode de production capitaliste a atteint un certain degré, les phéno-mènes économiques entraînent l'organisation économique et politique des travailleurs industriels, et ce sont ceux-ci qui apparaissent comme la classe immédiatement intéressée au triomphe du socialisme.

Petits patrons, artisans, détaillants, paysans propriétaires, participent de leur double nature de possédants et d'exploités. Quand, sous l'empire d'un naïf orgueil et de vaines espérances, l'homme fier de ce qu'il possède domine en eux, ils écoutent les malpropres polissons qui leur rabâchent que le simple travailleur et le socialiste en veulent à leur petite propriété, et ils manifestent une hostilité qui prouve que, s'ils ont l'intention d'être conservateurs, ils agissent contrairement à ce qu'il faudrait pour être sûrs de conserver ce qu'ils ont. Quand, sous un coup de fouet de la dure réalité, ils se sentent exploités et menacés dans leur possession, ils applaudissent les revendications socialistes et soutiennent, comme on l'a vu fréquemment, les grèves des travailleurs. Suivant les circonstances, la classe moyenne se prononce ainsi, tantôt dans un sens, tantôt dans l'autre.

Les ouvriers industriels qui, eux, n'ont que leur force de travail sans la possibilité de se voir jamais, quand ce ne serait qu'en rêve, possesseurs d'un petit Creuzot par exemple, ne peuvent même pas concevoir la fausse idée qu'ils ont quelque chose à perdre dans la victoire du socialisme. De là à penser qu'ils ont tout à gagner à cette victoire, il n'y a pas loin ; il suffit pour cela qu'ils puissent être abordés par la propagande socialiste. Aussi la principale mission du socialisme est-elle d'instruire et d'organiser la masse des travailleurs industriels ; ce sont eux qu'il lui faut avant tout persuader. Ce qui n'est, en effet, pour la classe moyenne que guerre défensive contre les gros capitalistes devient guerre offensive pour la plupart des travailleurs industriels qui ont à conquérir ce que la classe moyenne n'a qu'à conserver.

Parce que nous disons que le socialisme vise tout d'abord les travailleurs industriels, on est prié de ne pas nous faire dire qu'il doit négliger les autres : le socialisme combattant pour l'affranchissement désormais possible de tous, combat en tous ordres toutes les exploitations, toutes les oppressions, et il est le défenseur naturel de tous les exploités, de tous les opprimés. De même que, voir dans la question économique la matière unique du socialisme militant, n'est pas, à notre avis, restreindre son domaine, que c'est, au contraire, suivre directement la seule voie au bout de laquelle se trouve pour lui la possibilité d'exercer une action générale ; de même, se préoccuper en premier lieu des travailleurs industriels, n'est pas faire fi des autres exploités, c'est fortifier avant tout l'armée active du socialisme, formée de ceux qui ont à entamer le mouvement, mais dont le succès, d'autant plus rapide qu'ils seront plus soutenus. assurera l'émancipation de tous.

IX

Ce qui engendre le socialisme et le parti qui
l'incarne, ce sont donc les transformations économiques qui s'opèrent sous nos yeux. S'il est impossible de supprimer certaines phases du développement social, à un certain degré de développement il est possible aux hommes de faciliter
ou de retarder le succès socialiste ; cela dépend
parfois d'hommes autres que les socialistes, et
presque toujours de la tactique socialiste.

Le socialisme doit-il se condamner à attendre
« du jeu naturel des institutions et des lois le
triomphe de ses aspirations » (1), ainsi que le de-
mandait M. Charles Dupuy dans un de ses éton-
nants discours? Le socialisme qui est une théorie essentiellement évolutionniste, attend sa réalisation du jeu naturel des faits; mais il ne pourrait pas plus compter, normalement, sur le jeu
naturel des lois actuelles, qu'un républicain,
pour atteindre la République, ne pouvait décem-
ment compter, sous l'Empire, sur le jeu naturel

(1) Discours prononcé à Toulouse, le 21 mai 1895.

des lois impériales. Seulement, dans un milieu républicain comme l'est le nôtre, où le suffrage universel est nominalement le maître, le seul maître (1), et peut devenir très légalement le maître effectif, si le socialisme ne pourrait pas triompher par le jeu naturel de la législation, il le pourrait par l'action régulière de plus en plus considérable, à mesure qu'ils seront plus nombreux dans la Chambre, des socialistes sur cette législation, action que les républicains n'auraient pu escompter sous l'Empire. Il se pourrait aussi que son triomphe fût dû à une rupture de la légalité en vigueur, rupture à laquelle il serait acculé à un moment donné, rupture qui s'imposerait, sans souci des préférences personnelles, comme elle s'est imposée, par exemple, en France, le 4 septembre 1870, aux Jules Simon et autres partisans forcenés de la légalité, et c'est une rupture de ce genre qui constitue la révolution.

Evolution et révolution ne se contredisent pas, au contraire ; quand elles se produisent toutes les deux, elles se succèdent en se complétant, la seconde est la conclusion de la première, la révolution n'est que la crise caractéristique qui termine effectivement une periode évolutive. Voyez ce qui se passe pour le poussin. Après avoir ré-

(1) « Le suffrage universel est la seule assise légitime des pouvoirs dans une république. » (*Le Temps,* 1re page, 18 avril 1894.)

gulièrement évolué à l'intérieur de la coquille, la petite brute qui n'a pas encore pu lire le *Temps*, ignore que l'évolution a été décrétée exclusive de toute violence ; au lieu d'employer ses loisirs à user tout doucement sa coquille, elle ne fait ni une ni deux et la brise sans façon. Eh bien ! le socialisme qui, lui, lit le *Temps*, fera comme s'il ne le lisait pas et, le cas échéant, imitera le poussin ; si les événements le lui commandent il brisera la légalité dans laquelle il se développe et dans laquelle il n'a pour l'instant, qu'à poursuivre son développement régulier.

Ce qui constitue essentiellement une révolution, je l'ai dit, c'est la rupture de la légalité en vigueur : c'est là la seule condition nécessaire pour la constituer, tout le reste n'est qu'éventuel. Malheureusement, on est trop porté, d'une manière générale, à penser que le mot révolution comporte forcément des exécutions de personnes et des destructions de choses. Ce sont là des catastrophes que, autant qu'il sera en leur pouvoir, les socialistes s'efforceront d'éviter ; car ils savent que les excès dans un sens provoquent inévitablement un mouvement en sens opposé, et ils feront tout leur possible pour ne point compromettre leur œuvre en préparant inconsciemment une réaction.

A un jour donné, il peut se produire des événements tels que, par la seule force des circonstances s'imposant aux hommes, la légalité cou-

rante soit brisée. Quand et comment se produira
le fait, s'il se produit ? Nous n'en savons rien,
nous n'en sommes et n'en serons pas cause, parce
que nous en constatons la possibilité ; les craintes
intéressées des uns ne la détruiront pas, ne la
fortifieront pas les impatiences trop explicables
des autres. Comme le disait un jour le *Temps*, en
parlant incidemment des révolutions : « on ne
les fait pas ; elles se font » (1).

Quoiqu'on ne puisse et parce qu'on ne peut pas
plus indiquer le caractère que l'époque de cette
rupture possible de la légalité, on est fondé à déclarer que cette rupture, que, autrement dit, la
révolution, pourrait avoir lieu pacifiquement,
ainsi que c'est arrivé le 4 septembre 1870. Que la
révolution éventuelle soit le prélude d'une transformation sociale, alors que la révolution du 4
septembre n'a été, en tout et pour tout, qu'une
révolution politique, cela ne fait rien pour le point
de vue auquel je me place en ce moment ; car la
révolution éventuelle, tout en devant avoir des
suites sociales, ne serait, en tant que révolution,
qu'un changement d'ordre politique. Il suffirait
que les capitalistes fussent aussi prudents que les
bonapartistes l'ont été au 4 septembre, pour que
la rupture de la légalité fût aussi pacifique que
celle à laquelle le sénateur Jules Simon a parti-
cipé. On voit donc que le socialisme peut briser

(1) Numéro du 14 novembre 1891, article de fond.

la légalité en restant pacifique ; inversement, il pourrait arriver qu'il fût violent en restant dans la légalité.

Que doive ou non se produire une situation révolutionnaire, le devoir, tout le devoir des socialistes, consiste à instruire la masse, à la rendre consciente de son sort et de sa tâche, à l'organiser pour le jour où le pouvoir politique tombera entre ses mains. Conquérir au socialisme le plus grand nombre possible de partisans, voilà à quoi les partis socialistes doivent consacrer leurs efforts en usant, dans ce but, de tous les moyens pacifiques et légaux, mais seulement de ceux-là En période ordinaire, et je considère comme telle celle dans laquelle nous nous trouvons, tout genre d'action autre que l'action pacifique et légale en vue de l'instruction et de l'organisation de la masse, n'aboutirait, sciemment ou non, qu'à des manifestations pouvant affaiblir les forces acquises du socialisme et entraîner un arrêt plus ou moins long dans la propagation de ses idées.

Ce que je préconise, ce n'est pas la tactique du drapeau dans la poche, ce n'est pas de mutiler en quoi que ce soit la théorie socialiste, c'est de s'en tenir strictement à elle sans la gâter, sans la dénaturer par des violences qui n'en font point partie, par des pronostics qui menacent sans certitude. La vérité est qu'on ne peut promettre ni de n'arriver que par la force, ni de s'en tenir toujours à la légalité ; et c'est vrai pour tous les partis. Un radical, M. Sigismond Lacroix, le reconnaissait quand il écrivait il y a quelque temps : « Bien des gens dont je suis..... hésiteraient à jurer de rester, quand même, attachés aux seuls moyens légaux et pacifiques. Cela dépend, non des opinions, mais des situations : il peut advenir des situations révolutionnaires — le boulangisme a failli être une de ces situations — où être révolutionnaire serait un devoir » (1).

En admettant même qu'il doive y avoir révolution, ce que détermineront les événements et non telles ou telles volontés, cette révolution, quels que soient ses incidents, ne saurait être qu'un terme dans la série des phénomènes qui nous font passer d'une forme sociale à une autre, qu'un anneau dans une chaîne, et serait-il, dès lors, raisonnable d'hypnotiser les travailleurs en concentrant leur attention sur ce seul anneau ? Ce qu'il faut, c'est faire des socialistes, c'est donner à la masse, avec la conscience du mouvement économique, une volonté qui concorde avec ce mouvement et avec son rôle dans ce mouvement, c'est l'amener à introduire de plus en plus les socialistes dans nos diverses assemblées électives où ils auront à prendre la défense de ses droits méconnus et à réaliser, dans la mesure de leurs moyens, conformément aux circonstances, les diverses améliorations de son sort que le socialisme

(1) *Le Radical*, 30 mai 1893.

poursuit et est seul à poursuivre d'une manière
pratique, en se basant sur les conditions écono·
miques du milieu. A quoi bon, dès lors, parler
d'autre chose que de socialisme, s'appesantir sur
la nature de la crise qui terminera la phase ac·
telle d'évolution et sera le début d'une phase
nouvelle, puisqu'il n'y a aucune espèce de volonté
à créer en cette matière ? Pourquoi disserter sur
une éventualité que les circonstances peuvent
imposer, mais dont personne ne peut, dès main·
tenant, préciser tant soit peu la façon d'être ? En
tout cas, si on tient à parler de révolution, on
devrait s'attacher à détruire les erreurs que nos
adversaires répandent à ce sujet, les jugeant pré·
judiciables au recrutement socialiste (1).

(1) En interprétant de la manière la plus restrictive
possible le début du premier alinéa de la page 76, on s'est
cru autorisé à conclure que j'étais adversaire de toute
intervention des socialistes dans les luttes économiques.

La vérité, comme on peut s'en assurer, est que, à
tort ou à raison, je n'ai pas abordé le moins du monde
ce sujet dans les pages précédentes; mais je l'ai abordé
dans certaines des pages qui suivent, et l'opinion que
j'ai alors exprimée diffère essentiellement de celle qu'on
a tirée — par les cheveux — d'un passage étranger à la
question.

Qu'on veuille bien se reporter aux pages 188 et 189 et
on constatera que j'ai fait aux socialistes un devoir d'in·
tervenir, non pas pour pousser à la grève, mais — une
fois la grève décidée par les intéressés — pour aider les
grévistes à tirer de la situation le meilleur parti possible.
D'autre part, page 195, j'ai dit que les socialistes ne sau·
raient trop conseiller aux travailleurs de se syndiquer.

X

De même que l'idée de révolution est identifiée avec les idées de meurtre et de destruction. de même l'internationalisme ouvrier est identifié avec l'antipatriotisme. Il y a, dans le second cas comme dans le premier, une erreur fondamentale, et il me reste à établir que, théoriquement et pratiquement, l'identification de l'internationalisme ouvrier et de l'antipatriotisme est injustifiable. Et, d'abord, qui dit internationalisme dit internationalisme et ne dit pas antinationalisme (1) ; par conséquent, vous voyez tout

(1) « Nous seuls (les internationalistes qui parlons de nationalisation, de retour à la nation, de monopoles d'Etat préparant la production nationalisée, de la création de services nationaux, etc.), sommes un parti d'organisation, tous les autres sont les mille formes de l'anarchie individuelle ou nationale. De même, nous seuls donnons au mot patrie son véritable sens pratique, parce que nous voulons une nation maîtresse d'elle-même, organisée par la socialisation systématique et évolutive des forces et des intérêts individuels, vivant comme tous les êtres organisés, — et non un champ de bataille divisé en lots et en positions antagonistes. » *Le Socialiste*, 25 août 1895, 1re page, article du Dr Z., sur « la patrie ».)

de suite que personne ne devrait, ni en l'approuvant ni en le blâmant, se servir du mot internationalisme pour exprimer ce qu'il n'implique
pas et ce que d'autres mots impliquent.

Au lieu de nous laisser aller à nos fantaisies
particulières, examinons ici comme ailleurs les
faits et ce qui s'en dégage. Le socialisme découle
des faits, il les suit et ne les devance pas, c'est à
cette vérité qu'il faut toujours revenir, c'est là ce
qu'il ne faut jamais oublier. Or, les faits nous ré-
vèlent, bon gré mal gré, deux choses : d'un côté,
l'existence des patries ; de l'autre, l'existence, en
tous ordres, d'une solidarité internationale.

Il en est des patries comme des classes ; les uns
nient celles-ci, les autres nient celles-là. Or il
n'est pas plus possible raisonnablement de nier
l'existence de la patrie que l'existence de classes
dans cette patrie. Qu'on aspire à la fusion des
unes et des autres dans des conceptions plus
larges, soit, mais à une condition expresse, c'est
que, dans les deux cas, en attendant que cette
fusion résulte des faits, on s'adapte au fait de la
réalité actuelle. Vouloir les supprimer ne les
supprime pas, protester contre leur existence ne
les empêche nullement d'exister et, tant que patries et classes existeront, il nous faudra, non les
nier en des déclamations baroques, mais nous
conformer aux faits qui dérivent de leur existence.

De même que, au sentiment de solidarité familiale, sans détruire celui-ci, s'est ajouté le sentiment de solidarité nationale, de même à celui-ci s'ajoute, en le conservant, le sentiment relativement nouveau d'une solidarité internationale (1). Un sentiment nouveau sorti d'une situation nouvelle, n'annihile pas les sentiments anciens tant que subsiste leur raison d'être : ici l'existence de la famille, l'existence des nations.

C'est le capital qui a été l'initiateur du mouvement internationaliste. Obéissant à sa loi de croissance continue, il a de plus en plus substitué le commerce international au commerce national. Il a créé des industries dont les matières premières viennent de l'étranger, et dont les produits ont besoin, pour s'écouler, du marché universel ; il a développé ainsi la dépendance réciproque des nations dont il n'est pas une aujourd'hui qui puisse vivre sans l'aide des autres. Voulez-vous un exemple ne remontant pas loin de cette solidarité internationale ?

(1) « Il est un phénomène social que nul ne peut négliger. Notre vie, nos intérêts s'internationalisent de plus en plus. Les idées, la science, les arts, les capitaux, les modes, ne connaissent déjà plus de frontières. Le moment viendra bientôt où il faudra bon gré mal gré, tenir compte de ce changement et trouver une conciliation rationnelle entre le patriotisme, qui ne peut cesser d'être la religion de tout peuple qui veut vivre, et la solidarité de l'humanité qu'engendre et que fait triompher le progrès même de la civilisation. Les grands peuples de l'avenir seront ceux qui sauront le mieux résoudre les deux termes de cette antinomie. » (Le *Temps*, 10 juillet, 1895, 1re page).

Le *Temps* écrivait, à propos de la crise financière d'Australie, qu'elle avait été une des causes de la chute du ministère grec, en contribuant à faire échouer les négociations entamées par ce ministère à Londres pour la conclusion d'un emprunt, et il ajoutait : « Ainsi, ce qui se passe à Melbourne, à Sydney ou à Brisbane, a son contre-coup immédiat non seulement sur le marché de Londres, mais encore sur la politique de la Grèce. L'*agora* d'Athènes dépend des spéculations de cités lointaines dont les plus audacieux navigateurs de l'antique Hellade ou de la Phénicie, n'auraient pas même osé rêver l'existence ! » (1)

L'internationalisme capitaliste est, du reste, aussi féroce que réel. Pour avilir les salaires nationaux et gagner davantage, le capitaliste ne craint pas de priver de travail ses compatriotes et de faire appel contre eux aux étrangers qu'une misère habituelle plus grande prédispose à travailler à plus bas prix ; et l'interdiction, non d'employer des étrangers, mais de les payer moins que les nationaux, est la seule mesure efficace en la matière. D'autre part, pourvu que ce soit pour lui une bonne opération, il n'hésitera jamais à mettre, par la souscription à ses emprunts ou la fourniture du matériel de guerre (2). une nation

(1) N° du 23 mai 1893, bulletin.

(2) « Un membre de la Chambre des communes a

autre que la sienne en mesure de combattre avantageusement celle-ci sur terre et sur mer.

Ce caractère international revêtu par le capital sous toutes ses faces, s'est étendu à tous les ordres de faits (1). Ainsi que le proclamait M. Aulard dans la conférence dont il a été beaucoup parlé : « il n'y a pas de frontière pour la raison et la science... elles ne sont ni françaises, ni anglaises, ni allemandes, mais internationales et humaines » (2). Comment, dès lors, serait-on fondé à reprocher aux travailleurs de marcher dans la voie où tout et tous s'engagent, où les capitalistes les ont précédés ? En présence de la

porté, l'avant-dernière nuit, une motion de blâme contre le gouvernement pour avoir acheté des obus à une maison française. Le secrétaire de l'amirauté a répondu que les obus fournis par cette maison coûtaient moins cher et valaient mieux que les obus fabriqués par l'industrie anglaise. » (*Le Temps,* 21 septembre 1893, 1ʳᵉ page).

(1) *Journal des Débats,* éd. blanche, 8 juin 1895. Discours de M. Paul Deschanel à « l'assemblée générale annuelle de l'Office central des institutions charitables » :

Ces offices « communiquent entre eux et entrent déjà en relation avec l'étranger ».

« Vous jetez en ce moment les bases d'une internationale nouvelle, l'internationale de la charité ».

(2) *Science, patrie, religion,* p. 29-32.

« Les idées ne sont ni anglaises, ni allemandes, ni françaises, ni slaves, ni latines. Aucune nation n'a le droit de les considérer comme son patrimoine ». (Article de M. André Hallays dans la *Revue de Paris,* extrait fait et approuvé par le *Journal des Débats,* éd. rose, 21 février 1895.)

domination internationale du capital, ils ont compris, dans toutes les nations civilisées, la communauté de leurs intérêts : ils subissent le même genre d'exploitation dont la cause est partout la même ; les mêmes faits leur ont suggéré les mêmes revendications, les mêmes moyens, pour atteindre le même but. L'exploitation internationale a amené de plus en plus la solidarité internationale dans la résistance ; et l'entente internationale des travailleurs, élaborée par les phénomènes économiques, s'est affirmée dans la journée du premier mai.

Mais solidarité internationale des travailleurs, et c'est là tout notre internationalisme, ne signifie pas fraternité des peuples (1). En même temps que les travailleurs, le peuple comprend, en effet, ceux que les travailleurs combattent ; et ce n'est point parmi les socialistes français, M. Célestin Jonnart, vous qui parlez de Bismarck, que l'on a trouvé des hommes pour envoyer cadeaux et félicitations à ce faussaire dont les desseins, favorisés par notre misérable Bonaparte, ont mis la France, après l'avoir démembrée, sous la menace constante d'une guerre épouvantable. Tant que les peuples seront divisés en classes, il ne saurait y avoir fraternité entre eux. Et, malgré la solidarité internationale la plus sincère des

(1) « Prolétaires de tous les pays, unissez-vous ! » ont dit seulement Marx et Engels (*Manifeste du Parti communiste*, p. 36).

deux côtés, les travailleurs de deux pays deu-
vent encore avoir à se battre les uns contre les
autres. C'est là une des nombreuses contradictions — et la plus horrible — inhérentes au régime capitaliste, qui est condamné à aspirer à
la paix et à déchaîner la guerre : tandis, par
exemple, que le commerce sur le marché universel a besoin de la paix, l'âpreté de la concurrence
sur ce marché engendre les conflits (1)

En toute matière, je l'ai déjà dit, par conséquent
en matière internationale, le socialisme défend
la cause de tous les opprimés ; à tous les individus et à toutes les collectivités il veut assurer le
pouvoir de disposer librement d'eux-mêmes, de
décider eux-mêmes de leurs destinées ; mais, autant qu'il dépendra de lui, il ne livrera jamais
ses rêves d'avenir au sort d'une bataille. Par-
dessus tout il désire le maintien de la paix et, à
l'exception de quelques fous — quantité négli-
geable — je crois qu'on peut certifier qu'il n'est
pas seul de cet avis et que c'est là l'opinion una-

(1) « Toujours votre société violente et chaotique,
même quand elle veut la paix, même quand elle est à
l'état d'apparent repos, porte en elle la guerre, comme la
nuée dormante porte l'orage. Il n'y a qu'un moyen
d'abolir enfin la guerre entre les peuples, c'est d'abolir
la guerre entre les individus, c'est d'abolir la guerre
économique, le désordre de la société présente. » (Discours de Jaurès à la Chambre des Députés, séance du
7 avril 1895, p.13-14 de la brochure *Patriotisme et internationalisme*, publiée par la Bibliothèque du Parti ouvrier
français.)

nime en France. Criminels seront ceux, quels qu'ils soient et quel que soit leur prétexte, qui prendront l'initiative de précipiter les nations civilisées dans l'inconnu d'une guerre effroyable.

Seulement nous devons être, et ne devons pas craindre de déclarer que nous sommes aussi fermement résolus à nous défendre qu'à ne point provoquer. En cas d'attaque, c'est pour eux que les travailleurs, internationalistes en tant que travailleurs, ont à se battre en tant que Français, de même qu'ils auraient à se battre en tant que citoyens si, à l'intérieur, la République venait à être menacée ; et ils seraient, j'en suis sûr, les plus empressés à défendre leur droit à l'indépendance et à en imposer le respect à tous, au dedans, d'ailleurs, une fois en train, comme au dehors. Quel est celui qui, pratiquement, en présence d'une déclaration de guerre, d'une agression, d'une provocation, aurait le triste courage de pousser à ce qu'on a appelé la grève militaire? Sous le masque d'un soi-disant internationalisme, ce ne serait finalement que du nationalisme à rebours puisque, pour ne pas favoriser la sienne, on n'en favoriserait pas moins, au bout du compte, une nation au détriment d'une autre. Il y aurait là antipatriotisme et non internationalisme.

Pour sauvegarder, autant qu'il est possible, ce qu'il leur reste d'indépendance en qualité de travailleurs, les ouvriers sont conduits par l'état

des choses, ainsi que l'ont été avant eux et que le
sont toujours les faiseurs d'affaires, à être internationalistes ; mais c'est patriotes qu'ils doivent
être exclusivement (1), s'il y a péril pour leur
indépendance en qualité de Français et lorsque,
sans qu'il y ait péril immédiat, il s'agit de la défense nationale à assurer.

Sous aucun rapport, vous le voyez, je l'espère,
l'internationalisme ouvrier et socialiste ne peut
aboutir à l'antipatriotisme. Il y a là deux idées qui
ne sauraient être légitimement confondues (2), quel

(1) Or être socialiste est pour un individu la meilleure
façon d'être réellement patriote, pour un pays la sau-
vegarde la plus certaine et, au besoin, la plus puissante
garantie de succès.

Voici ce que disait Bismarck, le 27 mars 1886, à la
tribune du Reichstag :

« Il existe aujourd'hui un mouvement socialiste très
développé dans plusieurs pays. Je vous rappellerai à son
propos les temps de la première Révolution... Il est certain que les idées apportées dans les pays étrangers à
l'ombre du drapeau français de 1792, furent le levier
intellectuel et puissant des victoires des Français. Qui
vous dit que, si nous devions avoir de nouveau la guerre
avec ce pays, les drapeaux de l'armée ennemie ne seraient pas des drapeaux rouges portant haut l'idée socialiste ? »

Une République sociale, réalisation de leurs propres
espérances, rallierait, en effet, les sympathies actives de
tous ceux qui seraient enrégimentés contre elle.

(2) Cette affirmation ne saurait paraître extraordinaire
à ceux qui ont écrit :

« En allant à Kiel, nous faisons acte de raison internationale : en célébrant nos morts, nous faisons acte de
sentiment national. L'un, assurément, n'empêche pas
l'autre. » (*Journal des Débats*, éd. blanche, 24 mai 1895.)

que soit le but de cette confusion. Notre internationalisme et notre patriotisme visent deux ordres de faits bien distincts (1), et des faits différents entraînent logiquement des solutions diffé-

(1) « Ils (nos adversaires) leur (aux ouvriers ignorants,
timides ou timorés) font croire que nous opposons le
drapeau rouge au drapeau tricolore, ce qui est un abo-
minable mensonge, spéculant ainsi sur les sentiments
de patriotisme qu'ils connaissent aux masses naïves.

« Il ne faut jamais cesser de le répéter en toutes occasions, le drapeau rouge et le drapeau tricolore ne sont
pas opposés l'un à l'autre, mais ont une signification bien
distincte. — Alors qu'au drapeau tricolore, comme à
tous les autres drapeaux nationaux, est attachée une
idée de peuple, de patrie, de territoire, de frontières,
pouvant intéresser tous les êtres compris dans ces déli-
mitations, le drapeau rouge, lui, ne doit éveiller et ne
représente en effet qu'une idée de classe, de condition
économique et sociale.

... « Il est évident... qu'il y a nécessité à ce qu'ils forment entre eux un parti de classe, distinct de tous les
autres quels qu'ils soient, à l'exclusion de toutes préoc-
cupations de politique générale ou nationale.

« Que par ce fait, la classe ouvrière doit avoir un
drapeau de ralliement distinct, un drapeau économique
et de classe.

« Que ce drapeau, de quelque couleur qu'on le choi-
sisse, doit être logiquement le même partout, où que ce
soit, parce que partout on retrouve toujours ces mêmes
éléments en présence : une classe ouvrière de plus en
plus misérable, travaillant, peinant et produisant pour
l'autre classe de plus en plus riche, oisive et opulente.

« Que, depuis longtemps, le drapeau rouge se trouve
avoir été adopté à ce titre par les prolétariats de toutes
les nations, et qu'alors il devient inutile de le discuter
en présence du fait acquis que nous ne pouvons ni ne
devons détruire. Qu'il n'y a qu'à accepter le drapeau

r ntes, la logique consistant, ici et partout, à adapter la solution aux faits et non à appliquer, à toute espèce de faits, la même solution.

En résumé, internationalistes entre camarades de travail quand les intérêts du travail sont en jeu pendant la paix, patriotes et Français avant tout quand la France, notre patrie, sera, si elle doit l'être, en danger de guerre, conscients toujours du devoir à accomplir, conscients, le cas échéant, surtout dans la victoire, de ce devoir qui exige de respecter pour les autres, surtout pour les vaincus, les droits qu'on revendique pour soi-même, tels doivent être les travailleurs et les socialistes.

.•.

J'ai terminé. Voilà tout ce qu'est le socialisme. J'ai eu le souci de le dégager des atténuations et aussi des aggravations que des dispositions personnelles lui font subir, mais qui ne me semblent pas avoir leur fondement dans la réalité. Son but est la socialisation des moyens de travailler ayant déjà manifesté des tendances collectives comme appropriation ou comme exploitation, et la dis-

rouge par ce seul fait qu'il existe actuellement comme drapeau universel de la classe ouvrière. »

(Fédération nationale des syndicats et groupes corporatifs ouvriers de France, 3ᵉ congrès national, rapport de la commission d'organisation présenté par le secrétaire général Caradec, à la séance d'ouverture, le 28 octobre 1888, p. 34 et 35. — Bordeaux, 1888.)

parition des classes ; son moyen, le transport
sur le terrain politique de la lutte des classes
dont il est obligé de constater l'existence. Il doit
être pour le moment décidé à observer la légalité
à l'intérieur et la paix à l'extérieur, mais aussi
énergiquement décidé à ne tolérer aucun amoin-
drissement de la situation présente, à maintenir
intacts la République et son territoire contre
tous ceux qui les menaceraient.

SALAIRE ET PROFIT [1]

I

Si la question du salaire est une question important, cette question aurait bien de la peine à rentrer dans la catégorie des sujets amusants. Ne m'en veuillez pas cependant de me risquer à traiter aujourd'hui ce sujet devant vous ; il n'y a eu là de ma part rien de prémédité.

A la suite d'une conférence faite par un membre de l'Association philotechnique, les organisateurs de cette réunion ont pensé qu'il serait bon que la question du salaire fût traitée devant vous par un socialiste, et ils se sont adressés à moi. Tout en appréciant l'honneur qu'ils m'ont fait, je crains que cet honneur ne soit pour vous une cause d'ennui. Mais, puisque des circonstances indépendantes de ma volonté m'ont conduit ici, puisqu'il faut que je m'exécute, et que je vous exécute sans pitié, je tâcherai, du moins, de le faire aussi clairement qu'il m'est possible. Inca-

) Conférence faite à Suresnes, le 12 avril 1894.

pable **avec** un pareil sujet de vous divertir, je chercherai à dissiper quelques erreurs très répandues à propos du salaire, à vous faire comprendre les causes d'un état de choses fâcheux et les moyens d'y remédier.

Ainsi, je vais vous signaler tout de suite une des erreurs contre lesquelles on se heurte le plus souvent parmi les ouvriers. Vous savez que, s'il y a de braves gens parmi les patrons comme partout, il y en a aussi qui ne valent pas cher. Les patrons sont forcément aujourd'hui des exploiteurs de la classe ouvrière et ce n'est pas nous qui le leur reprocherons personnellement, à la condition qu'ils ne dépassent pas le degré d'exploitation à eux imposé par le milieu économique. Ce que n'impose pas le milieu économique, c'est la friponnerie dont je vais parler et dont vous avez eu, hélas ! presque tous, sinon tous, des exemples sous les yeux.

Considérons un patron ayant besoin de 1.200 heures de travail par jour : il pourrait prendre 100 ouvriers, les faire travailler 12 heures par jour — ce qui est déjà joli — et les payer 6 francs par jour, soit 0 fr. 50 l'heure. Au lieu de cela, il s'avise de ne payer l'heure que 0 fr. 375, je suppose ; puis s'inspirant de la devise : diviser pour régner, il partage les 100 ouvriers en deux groupes de 50 chacun par exemple, et dit aux 50 qu'il croit les plus dociles : « Je vous garantis, au prix de 0 fr. 375 l'heure, un nombre d'heures qui vous permettra d'arriver à 1.800 francs par an ». Avec ces 50 ouvriers fournissant alors, pour 6 francs en moyenne, 16 heures de travail par jour, le patron obtient 800 heures de travail sur les 1.200 qu'il lui faut. Les autres 400 dont il a besoin, il les accorde, toujours au prix de 0 fr 375, aux 50 ouvriers restant, à ceux dont il est le moins sûr, qu'il soupçonne notamment d'être syndiqués, ce qui fait en moyenne à ceux-ci 8 heures de travail par jour et 3 francs de salaire.

Le patron qui ne recule pas devant un pareil tour de coquin, a tout ce qu'il faut pour être sacré chevalier... d'industrie ; et voici ses avantages. D'abord il fait sur les salaires un gain extraordinaire qui est, dans notre exemple, de 150 francs par jour ; ensuite il entretient une division entre ses ouvriers en en rendant certains jaloux des autres et les empêchant par là de s'entendre ; il en tient une partie par la vie qu'il leur assure en les exténuant, et l'autre par la misère, par la menace constante de voir réduire encore ou même supprimer un salaire insuffisant. En se comparant à ces derniers à qui il n'est pas permis de travailler assez pour gagner — étant donné le bas prix de l'heure de travail — les subsistances qui leur sont indispensables, les autres se considèrent comme privilégiés, parce qu'ils sont admis à travailler 16 heures par jour. Tous aspirent à un travail de longue durée, seulement les uns se félicitent de l'avoir et les autres se plaignent d'en être privés. Et cela se comprend chez tous : par l'infériorité du prix de l'heure, l'ouvrier doit forcément vouloir travailler de longues heures (1).

(1) **Un** fait du même genre se produit à propos des heures supplémentaires ; certains patrons ont une journée normale de dix heures, par exemple, avec un prix normal de l'heure très peu élevé, et ils payent à un prix supérieur les heures faites par les ouvriers en sus des dix heures normales.. Les ouvriers qui se préoccupent surtout d'une chose — et en cela ils n'ont pas tort — du total de ce qu'ils touchent par jour, sont ainsi amenés à solliciter eux-mêmes les heures supplémentaires et on en voit alors, comme les ouvriers d'une usine de Puteaux (*Le Temps*, 20 juin 1895, tribunaux) réclamer le droit « de travailler » quatorze heures et demie par jour.

En réalité, ce que revendiquaient ces ouvriers, c'était le droit pour leur patron de les faire travailler, plutôt que le droit de travailler eux-mêmes aussi longtemps. Personne, parmi les socialistes, n'a jamais songé à empêcher quelqu'un de travailler, si bon lui semble, vingt-quatre heures par jour: ce droit-là chacun le gardera, de même que le droit de se suicider. Ce que nous voulons seulement supprimer, c'est le droit pour certains de tuer les autres, soit d'un coup, soit à petit feu, c'est le droit pour les patrons, non pas de travailler eux-mêmes tant qu'il leur plaira, mais de faire travailler les autres au delà d'une certaine limite.

Tout en ignorant si c'était le cas de ces ouvriers, n'oublions pas que les capitalistes ne dédaignent pas d'imposer à leur personnel la signature de pétitions en leur faveur ; ce fut là un des procédés du patronat anglais contre la loi sur les fabriques, et Marx cite le fait (1er vol. du *Capital*, éd. française, p. 122) d'ouvriers, pétitionnaires malgré eux, qui « déclaraient dans leurs interrogatoires qu'on les avait contraints à donner leurs signatures, qu'en réalité ils étaient bien opprimés, mais non point par la loi susdite ».

L'ouvrier a raison lorsqu'il tient à obtenir un certain salaire par jour et, en fait, il ne tient qu'à cela. Il désire travailler longtemps, parce qu'à l'heure actuelle il n'y a pas pour lui d'autre possibilité de réaliser un salaire suffisant. Où il se trompe — et c'est là l'erreur que je voulais signaler — c'est lorsqu'il proteste contre l'affirmation que le meilleur remède à cette manœuvre patronale et à d'autres de cet acabit, est la réduction légale de la journée. Ne voyant que le bas prix de l'heure qu'il a plu au patron de fixer, il s'écrie : « Comment voulez-vous que nous puissions vivre, si on nous empêche de travailler 14, 15 ou 16 heures ? » Je crois pouvoir établir qu'à la suite de la réduction légale de la journée, le patron serait, par la force des choses, obligé de hausser le prix de l'heure de travail et de renoncer au truc malhonnête dont je viens de parler ; et les ouvriers toucheraient, au bout de huit heures, au moins autant que maintenant après 12, 14 ou 16 heures.

Mais, d'abord, qu'est-ce que le salaire ?

Le salaire paraît être le prix du travail exécuté, mais ce n'est là qu'une apparence et il est facile de le comprendre. Le salaire ne pourrait être, en effet, qu'inférieur ou égal à ce prix. Si le travail exécuté valait, je suppose, 10 francs, et si l'ouvrier touchait moins de 10 francs, on arriverait à la conclusion saugrenue qu'un travail valant 10 francs vaut moins de 10 francs. Si, le travail valant 10 francs, l'ouvrier touchait 10 francs, quel serait l'intérêt du capitaliste à faire cette opération ? Vous voyez que, d'aucune manière, le salaire ne peut être le prix du travail exécuté. Qu'est-il alors ?

Vous êtes-vous demandé comment il peut se faire que l'argent, fonctionnant en qualité de capital, fasse des petits et rapporte à son propriétaire une somme plus grande que celle qu'il a avancée ? C'est là le point essentiel, aussi est-ce là ce que je vais tout d'abord expliquer.

Le mouvement du capital pondant de la plus-value, c'est-à-dire une valeur en sus de sa valeur propre, se divise en trois périodes.

Dans la première période, le capitaliste se présente comme acheteur sur le marché des marchandises et sur le marché du travail. Son argent se transforme en marchandises, ateliers, matière première, machines, en un mot, moyens de production, et en force de travail, c'est-à-dire qu'il achète les choses et les personnes qui sont les éléments de la production.

Dans la deuxième période, le capitaliste opère comme producteur de marchandises, et la production a pour résultat des choses destinées à la vente.

Dans la troisième période, le capitaliste devient vendeur des marchandises produites. Le but poursuivi par le capitaliste est que son capital, parti somme d'argent d'une certaine grandeur, lui revienne somme d'argent plus grande ; l'argent n'est pas dans son esprit dépensé, mais avancé pour grossir.

Lorsque, dans la première période, le capitaliste achète les moyens de production et la force de travail et lorsque, dans la troisième, il vend ses produits, il y a échange. L'échange peut-il être la cause de la plus-value ? Examinons-le.

Qu'un homme qui possède beaucoup de blé, qui a besoin d'argent et qui n'en a pas, échange avec un autre qui a beaucoup d'argent, mais à qui il manque du blé, une valeur de 5oo francs en blé contre 5oo francs en argent, au point de vue de l'utilité il y a avantage pour tous les deux :

l'échange, à cet égard, est une transaction dans laquelle on gagne des deux côtés. Mais, au point de vue de la richesse, l'échange de 5oo francs en blé contre 5oo francs en argent n'est une augmentation ni pour l'un ni pour l'autre des échangistes, puisque chacun d'eux était détenteur, avant l'échange, d'une valeur égale à celle qu'il a après. C'est la même valeur qui reste toujours dans la main du même échangiste ; seulement **il** la détient tour à tour sous une forme différente; de même, lorsque nous échangeons un billet de banque de 100 francs contre cinq pièces de 20 francs, il y a utilité pour nous, mais non changement dans la quantité de valeur.

Evidemment tels ou tels capitalistes **peuvent duper** ceux qui traitent avec eux, ils peuvent, dans la première période, acheter moins cher qu'elles ne valent les choses et les personnes dont ils ont besoin pour produire, et ils peuvent, dans la troisième, vendre leurs produits à un prix supérieur à leur valeur. Toutefois, s'il y a là, **vous allez** le voir, déplacement de valeur qui profite à une individualité, il n'y a pas création de valeur, il n'y a pas plus-value

Nous supposons que Pierre est très malin, peu scrupuleux, et qu'il réussit à tromper Paul et Jacques. Pierre achète à Paul des matières colorantes dont il a besoin pour sa teinturerie, et il paye 4oo francs des matières qui en valent 5oo : bénéfice, 100 francs, pour la première période ;

dans la troisième, qui est la période de vente des produits, il vend pour 600 francs à Jacques des tissus teints qui en valent 500 : second bénéfice de 100 francs. Pierre fait ainsi un bénéfice de 200 francs, ce n'est pas douteux ; mais ne regardons pas seulement la chose au point de vue de Pierre, regardons-la aussi au point de vue général.

Avant ces opérations, nous avions 400 francs d'argent chez Pierre, 500 francs de matières colorantes chez Paul, 600 francs d'argent chez Jacques, total 1.500 francs. Après les opérations de Pierre, nous avons 600 francs d'argent chez Pierre, 500 francs de tissus teints chez Jacques et 400 francs d'argent chez Paul, total 1.500 francs. La valeur circulante n'a pas grossi d'un centime, il n'y a de changé que sa distribution entre Pierre, Paul et Jacques ; c'est comme si Pierre avait volé 200 francs. Un changement dans la distribution des valeurs circulantes n'augmente pas leur quantité.

A quelque point de vue qu'on se place, avec l'échange, les choses prises dans leur ensemble ne se modifient point. Il ne se forme point de plus-value si on échange des valeurs équivalentes et, si on échange des valeurs inégales, il ne s'en forme pas davantage. La quantité des valeurs jetées dans la circulation ne pouvant s'y accroître, la façon dont elle se distribue pouvant seule varier, il faut chercher, en dehors de la circulation ou de l'échange des marchandises, ce qui détermine l'apparition d'une plus-value, d'une valeur nouvelle.

On arrive donc à ceci : doivent être écartées toutes les rouries qui n'aboutissent qu'à des changements de poche sans grossir la totalité de la valeur circulante ; néanmoins, le possesseur d'argent, en commençant par acheter certaines marchandises exactement ce qu'elles valent, et en les revendant ensuite à leur stricte valeur, est à même de réaliser plus d'argent qu'il n'en a risqué. Cette augmentation ne pouvant avoir lieu — nous venons de le voir — ni dans la première période, lorsque le capitaliste achète les éléments de la production, ni dans la troisième, lorsqu'il vend les produits, s'effectue nécessairement dans la deuxième période, la période de production.

Dans cette période, le capitaliste se sert des choses et des personnes qu'il a achetées pour produire. Ces achats faits, il a en sa possession la marchandise qui a la propriété spéciale de créer la valeur, c'est la force de travail, autrement dit, l'ensemble des qualités musculaires et intellectuelles dont l'homme est doué et qu'il met en mouvement quand il veut produire des choses utiles. La force de travail étant une faculté de l'individu vivant, la condition essentielle de sa durée est que l'individu se conserve et se reproduise. Celui-ci, pour son entretien et sa reproduction, a besoin d'une certaine quantité de moyens de subsistance, et c'est la quantité de subsistances exigée, dans un pays et à une époque donnés, pour que le travailleur perpétue une force douée des connaissances nécessaires au travail, qui détermine la valeur de cette force.

Admettons que la valeur journalière de la force de travail soit 4 francs et que, au bout de cinq heures de travail, l'ouvrier ait ajouté, à la valeur représentant la matière travaillée et l'usure des instruments employés, une valeur nouvelle de 4 francs. Si le travail s'arrêtait là, le capitaliste aurait une valeur égale à celle qu'il a déboursée, il payerait véritablement la valeur du travail exécuté, il ne perdrait rien, mais il ne gagnerait rien ; or c'est le gain qu'il poursuit, il veut que son argent augmente, fasse des petits.

Le capitaliste a, pour les 4 francs que représente, dans notre hypothèse, la valeur journalière de la force de travail, acheté l'emploi de cette force durant un jour. Dès lors, l'usage de cette force lui appartient pendant une journée, aussi continue-t-il à la faire travailler après qu'elle a, au bout de cinq heures avons-nous supposé, reproduit une valeur équivalente à la sienne ; la force de travail peut donc, en un jour, produire plus qu'elle ne coûte, et c'est la prolongation du travail au delà de la fraction de 'a journée suffisant à produire l'équivalent du salaire; l'équivalent du prix des moyens de consommation nécessaires à la conservation de la

force ouvrière, qui, seule, peut être cause de la
plus-value. Le travail poursuivi après que l'équivalent du prix d'achat de la force ouvrière, après
que l'équivalent du salaire est produit et ajouté à
la valeur conservée des moyens de production,
voilà ce qui engendre l'excédent de la valeur de
l'objet produit sur celle de ses éléments constitu-
tifs, moyens de production et force de travail.

La production de plus-value n'est, par conséquent, rien de plus que la production de valeur,
n'est, autrement dit, que l'action de travail, pro-
longée au delà du point où le salaire, le prix de
la force de travail, payé par le capital, est remplacé par une valeur équivalente. La quantité de
travail que fournit l'ouvrier après avoir déjà
produit une valeur équivalant à son salaire,
constitue ce que Marx a appelé, ce que les socialistes après lui appellent le surtravail.

L'ouvrier est obligé de vendre sa force parce
que les conditions pour en faire quelque chose —
les moyens de production et les moyens de subsistance qui sont les moyens de production de la
force elle-même — se trouvent séparées de lui
et sont la propriété d'autrui. Les éléments matériels du travail sont d'un côté, la force de travail
est de l'autre. Et cette séparation n'est supprimée que par le fait que le possesseur de la force
de travail vend sa force au possesseur des moyens
de production.

En définitive, que vend le possesseur de la

force de travail ? Il vend seulement le travail à
l'état de possibilité, la force capable de manœu-
vrer les moyens de travail qui ne sont pas à lui,
et d'exécuter ainsi le travail voulu. Que paye le
possesseur des moyens de travail ? Il paye non
le prix du travail exécuté, nous avons vu que
c'était impossible, mais le prix de la force employée (1).

Tel est le rapport réel entre ouvrier et capitaliste, tandis qu'en apparence le salaire se présente comme payement direct du travail; que
l'ouvrier semble toucher toute la valeur due à
son travail, c'est là un résultat heureux pour le
capitaliste : son capital est censé fructifier par
sa vertu propre, par génération spontanée, ou, ce
qui revient au même, par l'opération du Saint-
Esprit, et le travail paraît recevoir toute sa rétribution. Dans le système de la corvée, il était
facile d'apprécier le temps donné au maître et le
temps consacré à soi; avec le salariat il y a, de
même qu'avec la corvée, un travail gratuit pour
le maître, mais cela ne saute pas aux yeux.

La prétendue association du capital et du travail (2) où chacun toucherait sa part, est une asso-

(1) Voir ci-dessus, p. 17 et 18.

(2) « Le capital est du travail mort, qui, semblable au
vampire, ne s'anime qu'en suçant le travail vivant, et sa
vie est d'autant plus allègre, qu'il en pompe davantage. »
(Marx, 1er vol. du *Capital*, éd. française, p. 100.)

« Toutes les formes développées du procès de production capitaliste étant des formes de la coopération, rien

ciation où le premier des associés touche plus qu'il ne met et où le second met plus qu'il ne touche. Et alors même que le travailleur toucherait une valeur égale à celle de sa force, c'est-à-dire un salaire lui permettant la complète satisfaction de ses besoins, il devrait fournir une valeur plus grande que celle qu'il recevrait (1) : la durée du travail exigé pour un salaire déterminé dépasse nécessairement, dans notre état économique, quelles que puissent être les bonnes intentions individuelles, le temps qu'il faut au travailleur pour ajouter, à la valeur des moyens de production consommés, une valeur égale à ce salaire ; et c'est ce travail en sus, c'est, en un mot, le sur-travail, qui forme la plus-value du capitaliste. Le salaire implique toujours surtravail et, qu'on le veuille ou qu'on ne le veuille pas, le surtravail, créateur de la plus-value, est toujours du travail non payé.

n'est naturellement plus facile que de faire abstraction de leur caractère antagoniste et de les transformer ainsi d'un coup de baguette en forme d'association libre. » (Marx, *idem*, p. 230, note.)

(1) « Qu'elles soient peu ou prou favorables, les conditions de la vente de la force ouvrière impliquent la nécessité de sa revente continue et la reproduction progressive de la richesse capitaliste. Il est de la nature du salaire de mettre toujours en mouvement un certain quantum de travail gratuit. L'augmentation du salaire n'indique donc au mieux qu'une diminution relative du travail gratuit que doit fournir l'ouvrier ; mais cette diminution ne peut jamais aller assez loin pour porter préjudice au système capitaliste. » (*Idem*, p. 272.)

Quelle que soit la forme du payement, du salaire, cela ne change rien à sa nature qui comporte forcément une certaine quantité de travail non payé. Ce qui est vendu par l'ouvrier sous n'importe quelle forme, c'est sa force de travail; ce qui est payé, c'est le prix de cette force, prix qui s'écarte, comme pour toutes les autres marchandises, plus ou moins de sa valeur, et il ne touche ce prix, il ne touche son salaire, qu'à la condition de fournir plus qu'il ne reçoit. J'espère que cela ne fait pas doute maintenant pour vous en ce qui concerne le salaire à la journée, le salaire au temps : qu'on envisage l'heure, la journée, la semaine ou le mois, l'ouvrier payé d'après son temps de travail fournit dans une heure, une journée, une semaine ou un mois, une valeur plus grande que celle qui équivaut à son salaire.

Avec le salaire aux pièces, il semble qu'on paye à l'ouvrier la valeur du travail contenu dans le produit; c'est encore ici une fausse apparence, et nous allons voir que le salaire aux pièces n'est, en réalité, qu'une autre forme du salaire au temps.

Supposons que la journée de travail ordinaire dure 12 heures, que, sur ces 12 heures, il y en ait 6 de surtravail, et que, pendant les 12 heures, il soit produit une valeur de 6 francs; cela veut dire que 6 heures sont payées et 6 non payées, et que 0 fr. 50 sont le produit d'une heure de travail. Or l'expérience a, admettons-nous, démontré qu'en travaillant avec le degré moyen d'intensité et d'habileté, en employant, par conséquent, le temps de travail ordinairement nécessaire à la production d'un certain article, un ouvrier peut fabriquer, en 12 heures, 12 de ces articles. Ces 12 articles valant 6 francs, nous l'avons supposé, en dehors même de la valeur des moyens de production consommés pour les produire, chacun d'eux vaut o fr. 5o. Il sera convenu, par exemple, que l'ouvrier recevra o fr. 25 par article; il gagnera ainsi, en 12 heures, 3 francs, alors que les marchandises, produits des 12 heures de travail, valent 6 francs, en sus de la valeur qu'elles contiennent des moyens de production usés. Alors que, dans le cas du salaire à la journée, l'ouvrier travaille 6 heures pour lui-même, pour remplacer le salaire qu'il touche, et 6 heures gratuitement pour le patron, ou la moitié de chaque heure pour lui-même, la moitié pour le capitaliste, ici chaque article fabriqué est à moitié payé et à moitié non payé, ou bien la valeur nouvelle de 6 articles est l'équivalent du prix de la force de travail, et la valeur nouvelle des 6 autres, fournie gratuitement par l'ouvrier, constitue la plus-value; mais, en fait, tout cela revient au même. Si la mesure du salaire au temps est la durée immédiate du travail, celle du salaire aux pièces est la quantité produite dans un temps donné. Le salaire aux pièces n'est donc qu'une forme modifiée du salaire au temps; cela ne saurait

étonner les ouvriers qui travaillent aux pièces et
à qui souvent on entend dire : voilà ce qu'on me
paye cette pièce et il me faut cependant tant de
temps pour la faire.

Loin d'être favorable à l'ouvrier, le salaire aux
pièces favorise l'exploitation capitaliste.

Avec ce mode de salaire, l'ouvrage est exigé
d'une qualité moyenne appréciée arbitrairement
par le patron ou son représentant, sinon le prix
convenu n'est pas payé. A cet égard le salaire
aux pièces entraîne, au détriment des travailleurs, une foule d'abus et devient, comme l'a écrit
Marx, « source inépuisable de prétextes pour
opérer des retenues sur les gages de l'ouvrier et
pour le frustrer de ce qui lui revient » (1).

Ne rétribuant pas, sous cette forme de salaire,
le temps employé, mais la quantité faite, et faite
dans les conditions de qualité par lui requises,
le capitaliste, ainsi assuré de la qualité et de la
quantité, peut économiser une grande partie du
travail de surveillance et, de ce chef, augmenter
son gain.

En outre, l'immixtion d'exploiteurs secondaires
entre le capitaliste et le travailleur, le marchandage, sont facilités par le salaire aux pièces
et l'est avec eux l'exploitation de l'ouvrier ; car
c'est uniquement la différence entre le prix payé
par le capitaliste pour un travail déterminé, et la

(1) 1er vol. du *Capital*, éd. française, p. 240.

fraction de ce prix attribuée par le marchandeur aux ouvriers, qui constitue le bénéfice de l'intermédiaire, du marchandeur. Une disposition légale formelle prohibe le marchandage en France, il n'en prospère pas moins comme s'il n'était pas défendu. Cela n'empêche aucun de nos gouvernants d'avoir la bouche pleine du respect qui est dû par tous à la loi; vous voyez qu'il faut comprendre : aux lois qui leur sont favorables. Les quelques rares lois qui gênent eux ou leurs amis les capitalistes, n'ont droit à aucun respect. On n'a pas toujours le courage de les abroger, mais on oublie d'en tenir compte. Ces messieurs respectent et font surtout respecter les lois qui leur conviennent; quant aux autres, ils les mettent, et ils s'en vantent, sous les pieds (1).

(1) « Une police d'Etat existe à Lyon, et, depuis quarante ans, y assure l'ordre, car Lyon est aujourd'hui l'une des villes les plus tranquilles de France. Au contraire, à Marseille, il y a une police municipale dirigée par un adjoint et on sait à merveille que, depuis six mois, les incidents se sont produits en si grand nombre que le préfet a dû — UN PEU ILLÉGALEMENT, *mais très judicieusement* — mettre la main sur la police et faire arrêter l'adjoint qui la commandait. » (*Le Temps*, 20 décembre 1893, 1re page.)

A rapprocher, ainsi que la non exécution de la disposition prohibant le marchandage, des extraits suivants :

« On peut demander une modification de la loi, mais tant que celle qui existe actuellement n'aura pas été changée, le gouvernement manquera à son devoir en la laissant violer douze fois par an. » (*Journal des Débats*, éd. blanche, 2 août 1895, 1re page.)

« L'ordre social, et surtout l'ordre démocratique, re-

Avec le salaire aux pièces, qui fixe le prix du temps du travail d'après une quantité établie de produit, l'intérêt personnel amène l'ouvrier à abuser de sa force, à la maintenir dans un état permanent de tension et à faciliter, de la sorte, au capitaliste l'élévation de l'intensité ordinaire du travail et de son exploitation. Que des ouvriers plus forts ou plus habiles, poussés par le désir de gagner davantage, réussissent à faire plus ou mieux que leurs camarades, et le patron imposera à ceux-ci, sans augmenter le salaire, une quantité ou une qualité approchant davantage de celles réalisées par les plus forts ou les plus habiles, ce qui obligera les autres à prolonger leur journée de travail sans compensation aucune. S'il en résulte augmentation du salaire à l'avantage de quelques-uns mieux doués, il y a, au point de vue de la masse des ouvriers, abaissement de son niveau, puisqu'ils doivent travailler plus pour le même prix, et finalement c'est le capitaliste qui y gagne.

Le salaire, sous n'importe quelle forme, impliquant que la durée du travail exigé en compensation d'une somme déterminée, dépasse inévitablement le temps employé par le travailleur à ajou-

pose, comme le disait Montesquieu, sur la « vertu », et la vertu consiste essentiellement, pour chaque citoyen, à se soumettre aux lois, toujours et partout, quelles qu'elles soient et quelque opinion individuelle qu'on ait sur leur équité. » (*Le Temps*, 16 décembre 1895, 1re page.)

7

ter, à la valeur des moyens de production consom
més, une valeur égale à cette somme, l'ouvrier
ne fournira pas moins de surtravail, moins de
travail non payé, parce que le système de la participation aux bénéfices ou tel autre système
viendra adjoindre, à son salaire, un surcroît apparent de rétribution. Au contraire, peut-on dire.

L'ouvrier s'imagine, en effet, qu'en travaillant
davantage, c'est pour lui, dans ces conditions,
qu'il travaille, et qu'il touchera d'autant plus
qu'il produira plus. Le résultat de ce travail
acharné n'est, en fin de compte, qu'un accroissement du degré d'exploitation. Le supplément de
rétribution qui pousse l'ouvrier à user ses forces
à produire, est calculé de telle sorte que, ajouté
à ce qu'il touche sous la forme habituelle de
salaire, le tout ne constitue que l'équivalent d'un
salaire ordinaire. Seulement, à ce salaire ordinaire correspond, au grand bénéfice du patron,
un travail extraordinaire de l'ouvrier dupe, je
viens de l'expliquer, du prétendu supplément de
rétribution.

Et lorsque je dis qu'il n'y a là qu'un truc de
capitaliste, que tous les soi-disant suppléments
de rétribution ne sont qu'une partie du salaire
ordinaire sous un autre nom, ne croyez pas qu'il
y ait la moindre exagération ou le moindre parti
pris de ma part. C'est là un fait avoué par les
adversaires les plus acharnés du socialisme,
ainsi que le prouve le passage suivant du *Journal*

des Débats, passage dont l'auteur est un des collaborateurs habituels, en matière économique, de M. Léon Say. Vous remarquerez toutes les tournures de phrase si obstinément louangeuses pour les patrons, ce qui donne plus de prix à la constatation finale.

Parlant des institutions patronales que les capitalistes « ont fondées dans l'intérêt de leurs ouvriers », et qui leur valent tant de compliments comme s'il y avait là de leur part un grand sacrifice désintéressé, M. Joseph Chailley-Bert écrit :

« Ces institutions consistent en fondations de toutes sortes : écoles, hôpitaux, caisses de secours contre les maladies, retraites pour cause d'invalidité par suite d'accident ou par suite de vieillesse. Ces fondations sont à la charge, les unes, exclusivement des patrons, les autres, à la fois des patrons et des ouvriers et, assurément, pour une plus large part, à la charge des patrons. Cela est hors de doute.

« Mais, comme analyse, cela est superficiel. Étudiez ces chiffres de près. Toutes ces institutions sont entretenues sur le salaire. Les patrons se sont dit : Pour avoir les ouvriers les plus habiles, les plus probes, les plus disciplinés, les plus fidèles, offrons-leur les salaires les plus élevés, et, ces salaires, divisons-les en deux parties : une partie certaine et actuelle, payable sur-le-champ en argent, et une partie conditionnelle et payable à terme fixe ou incertain (maladie, accident, vieillesse). Et salaire *actuel* ou salaire *différé*, ces deux parties imposent sans doute aux patrons des sacrifices considérables, mais ces sacrifices ne dépassent pas, à leur estimation, l'intérêt qu'ils ont à se procurer un bon personnel. En sorte qu'en bonne comptabilité. qu'il s'agisse du salaire actuel ou du salaire différé, le tout doit figurer sous cette rubrique : Frais de personnel ou de main-d'œuvre, ou, plus nettement, salaire. » (1)

En résumé, il résulte de ce que je viens d'exposer, que le moyen nécessaire pour faire faire de l'argent à l'argent, est le mouvement de production. C'est à l'acte de production exclusivement qu'est dû l'accroissement de valeur. Toutes les autres formes sous lesquelles l'argent paraît faire des petits, sont subordonnées à celle-là.

Afin d'accomplir l'acte de production, le capitaliste achète la force de travail de ceux qui n'ont pas autre chose à vendre et qui sont obligés de la vendre pour vivre ; et, cette force achetée, le capitaliste l'exploite pendant le temps pour la durée duquel il l'a achetée. Le temps d'exploitation se divise en deux périodes : pendant l'une, le fonctionnement de la force de travail ne produit qu'un équivalent de son prix, qu'une valeur égale à son salaire ; pendant l'autre période, le

____

(1) *Journal des Débats*, édit. rose, 1er février 1894.

travail est gratuit et rapporte, par conséquent,
au capitaliste une valeur qui ne lui coûte rien,
une valeur en sus de celle qu'il a avancée, en un
mot, une plus-value. Toute plus-value, quelle
qu'en soit la forme particulière, — profit, rente,
intérêt, etc. — est, en substance, le résultat d'un
travail non payé (1).

Tout le secret de la faculté de faire des
petits que paraît avoir le capital, est dans ce
simple fait, que le capital dispose d'une certaine
quantité du travail d'autrui qu'il ne paye pas. Ce
sont les travailleurs qui créent le profit des capitalistes en leur donnant plus qu'ils n'en re-
çoivent. Voilà la vérité qui défie toute contradiction, voilà le point essentiel dont il faut bien se
pénétrer.

(1) Marx s'est, en particulier, occupé de l'intérêt et de
la rente foncière dans la 2me partie de son 3me volume du
Capital; on trouvera un aperçu de sa manière de voir
sur la rente dans le *Devenir social*, mai 1895, p. 192-193.
Il est de mode aujourd'hui d'objecter aux socialistes
la baisse du taux de l'intérêt. Comment ne voit-on pas
que ce qui baissera avec le taux de l'intérêt, ce sera non
la fortune de la classe riche, mais le nombre des
membres de cette classe ? Tandis que, pour les capitalistes, pour les gros propriétaires, l'augmentation des
capitaux compensera amplement la baisse de l'intérêt,
pour les moyens et les petits, au contraire, cette baisse
accroîtra leur infériorité économique, préparera leur
décadence et, par suite, la concentration de leurs pro-
priétés entre les mains des gros. A la vie plus difficile
pour un plus grand nombre, correspondra l'accaparement de la richesse par une minorité plus restreinte et
plus dangereusement puissante.

Ces constatations ne sont naturellement pas
du goût des capitalistes ; aussi leurs apologistes
à gages, les économistes, ont-ils cherché des
explications. Ces messieurs ont fait, je n'en doute
pas, tout ce qu'ils ont pu ; mais vous allez voir
qu'ils n'ont pas pu trouver grand'chose de bon.

L'ouvrier, s'écrient-ils, prétendrait-il tout faire
par la seule action de ses mains, s'imagine-t-il
qu'il lui serait possible de produire quelque
chose à lui tout seul ? N'est-ce pas au capitaliste
qu'il doit et la matière et les instruments, sans
lesquels le travail ne saurait s'effectuer ou reste-
rait stérile ? Et le capitaliste ne se ferait rien
donner en échange de ce service ? Mais est-ce
que précisément l'échange ne consiste pas en ce
que l'ouvrier lui rend le service de convertir ses
matières premières en produits, en marchandises ? Est-ce que, répliquerons-nous au capitaliste, en retournant l'argument, il aurait la prétention de produire des marchandises sans
travail ? Le capitaliste a beau rabaisser le concours de l'ouvrier pour essayer d'augmenter

l'importance du sien, ce qui importe ici ce n'est pas précisément — quoiqu'il y ait à dire là-dessus — la grandeur du concours prêté, c'est encore moins l'appréciation du capitaliste sur cette grandeur, ce qui importe avant tout, c'est le fait qu'il y a concours et que ce concours est indispensable. En essayant de rabaisser la collaboration de l'ouvrier, les capitalistes et leurs avocats imitent cette jeune fille qui, ayant fait un enfant sans la permission de monsieur le maire, disait pour s'excuser : « Oh! il était si petit! » Petit ou non, il y était; de même pour les capitalistes : quel que soit le concours de l'ouvrier, ce concours leur est absolument nécessaire et ils l'ont ; s'il est vrai que l'ouvrier ne pourrait rien faire sans leurs moyens de production, ils ne pourraient, eux, rien faire de leurs moyens de production sans l'ouvrier ; donc, en recevant de lui des produits contenant et la valeur de leurs moyens de production et la valeur qu'ils lui donnent, ils seraient quittes et, sur ce terrain, il n'y a rien qui puisse légitimer la plus-value.

Mais n'ai-je pas travaillé moi-même, ajoute le capitaliste ? Est-ce que vous comptez pour rien mon travail de direction et de contrôle, et ce travail ne doit-il pas être rémunéré ? Soit, seulement alors contentez-vous des appointements que vous ou vos confrères ou les sociétés donnent, le cas échéant, à un directeur pour ce genre de travail. Pourquoi ce travail vaudrait-il, lorsque

c'est vous qui l'exécutez, plus que ce à quoi vous
l'estimez quand vous en chargez un autre ? Rien
encore ici qui justifie la plus-value ? Au contraire,
nous avons là un argument contre les capitalistes
qui ne travaillent pas ; en effet, le fait de chercher à prouver que l'entrepreneur prend une
part active à la production des valeurs en dirigeant le travail, cette tentative de justification de
son gain, aboutit à établir que n'est pas justifiée
la participation au produit de qui ne travaille
pas.

Le profit des capitalistes, continue-t-on, vient
de leurs privations. Oh ! les pauvres gens ! Tous
ascètes et martyrs ; très vertueux, à les en croire,
mais, par exemple, ne voulant pas faire de la
vertu à l'œil. Examinons un peu ces privations,
quand ce ne serait que pour nous apitoyer, un
jour que nous aurons le temps, sur le sort de ces
malheureux millionnaires ignorants, comme chacun sait, du luxe et de ses jouissances.

De la plus-value une partie est consommée par
le capitaliste et l'autre ajoutée au capital (1). Ce
partage dépend, c'est évident, de la volonté du
capitaliste, et on lui fait un mérite de ce qu'il
s'abstient — c'est le mot employé — de tout
manger.

(1) « Le capital veut être non pas seulement entre-
tenu, mais reconstitué incessamment : si la classe
patronale, découragée, laisse son capital improductif, ce
ne sont pas ses revenus seuls qui diminueront, c'est le

Il aurait pu, c'est vrai, tout dissiper en fêtes et débauches ; mais, s'il l'avait fait, il n'aurait plus son argent; tandis qu'en ne le faisant pas, il le conserve et il l'augmente. Et devrions-nous lui savoir gré de n'avoir endommagé ni sa caisse, ni son estomac ?

Il aurait pu garder son argent dans son coffre-fort, c'est encore vrai ; mais il aurait pu se convaincre alors que c'est là le moyen le plus certain de ne pas le capitaliser et que l'argent, à lui tout seul, ne sait pas faire de petits : il aurait beau compter et recompter ses louis, il ne les trouverait jamais en plus grand nombre.

Il aurait pu, au lieu de se donner le tracas de faire travailler, se défaire de ses ateliers, machines, etc. D'accord, mais s'en défaire c'est les vendre : il est trop bon commerçant pour s'en débarrasser d'une autre manière ; or s'il les vend, tout cela, au lieu d'appartenir à Paul, appartiendra à Pierre, ce qui est complètement indifférent au point de vue général. De plus, à moins d'enfermer son argent, — et il ne l'enfermera pas s'il veut des bénéfices — il dépendra toujours, d'une façon plus ou moins détournée, de la production ; car, s'il n'exploite plus directement lui-même, il

capital lui-même qui périra. » (*Journal des Débats*, édit. rose, 24 mai 1894. — M. J. Chailley-Bert.)

Plus que personne « la classe patronale » (tiens, il y a des classes!) est donc intéressée à produire, et elle ne peut produire sans l'aide de la classe ouvrière.

achète des actions, des parts d'entreprises où on fait travailler ou dépendant de celles où on fait travailler : c'est toujours, en fin de compte, du travail des autres que sortent ses bénéfices.

Que le profit du capital vienne de privations, la chose n'est guère douteuse, mais pas des privations des capitalistes. Ce qui enrichit ceux-ci, ce n'est pas, comme pour le paysan et l'artisan indépendant, son travail et sa frugalité personnelle, ce n'est pas leur renoncement aux jouissances, c'est le renoncement à toutes les jouissances de la vie qu'ils imposent aux travailleurs, ce n'est pas le travail qu'ils accomplissent, c'est la quantité de travail gratuit qu'ils soutirent aux autres. Ce n'est pas l'abstinence du capitaliste, c'est l'usage du capital employé productivement qui est la source du profit, et pourquoi faudrait-il le récompenser de s'enrichir, c'est-à-dire de remplir sa fonction de capitaliste ? Parlant de son amour pour Roméo, Juliette dit : « Plus je donne, plus j'en ai. » Le capitaliste peut dire de même : « Plus je donne de travail, plus j'ai de moyens de jouissance, plus j'ai à consommer. » Il daigne, le cher homme, se dessaisir de son argent pour acheter la force ouvrière, mais le fait de s'en dessaisir implique le retour de cet argent accru, implique son enrichissement. Dans ces conditions, on avouera que le mérite du capitaliste est assez médiocre et qu'il n'y a guère lieu de le glorifier.

Il faut une certaine audace pour oser recourir, comme moyens de justification, à des ironies aussi cyniques que la prétendue abstinence des capitalistes. Si c'est une abstinence que de ne pas jeter son argent par la fenêtre et de faire valoir son capital en incorporant la force ouvrière à des moyens de production, tout est abstinence (1).

D'ailleurs, certains économistes n'ont qu'une préoccupation qui est de toujours approuver les capitalistes, quelles que soient les divergences de ce qu'ils approuvent. Quand le capitaliste veut bien prendre la peine d'accroître son argent, c'est de l'abstinence dont nous devons lui être reconnaissants ; quand, au lieu de s'abstenir, il dépense, tout ce qu'il dépense, proclament les économistes, va en salaires, et il faut être reconnaissant au capitaliste de dépenser. En somme, les travailleurs doivent le payer pour sa peine, quand il s'abstient de dépenser ; ils doivent aussi le payer pour sa peine, quand il dépense. Conclusion : ils doivent toujours le payer

Tout passe en salaires parce que, disent mes-

(1) « Les économistes vulgaires ne font jamais cette simple réflexion que toute action humaine peut être envisagée comme une « abstention » de son contraire. Manger, c'est s'abstenir de jeûner ; marcher, s'abstenir de rester en repos ; travailler, s'abstenir de ne rien faire ; ne rien faire, s'abstenir de travailler, etc. » (Marx, 1er vol. du *Capital*, éd. française, p. 261.)

sieurs les économistes, chaque fois que le capitaliste achète quelque chose, son argent va à un fabricant ou à un fournisseur, celui-ci en garde une partie et l'autre passe à ses ouvriers ; la partie qu'a gardée le fabricant ou fournisseur est aussi employée par lui d'une manière ou d'une autre et va, à son tour, à un autre fabricant ou à un autre fournisseur chez qui une partie encore passe en salaires et, ajoutent-ils, « ainsi de suite ». Toute la force apparente de l'argument se trouve, a dit Marx (1), « dans les mots « et ainsi de suite » qui nous renvoient de Caïphe à Pilate, sans nous laisser entrevoir le capitaliste entre les mains duquel le capital constant, c'est-à-dire la valeur des moyens de production, s'évanouirait finalement ». C'est justement quand la curiosité est éveillée, quand la difficulté apparaît, que cessent indications et recherches. Si, en fin de compte, le capital s'évaporait entièrement en salaires, d'où viendrait tout ce que les capitalistes continuent à avoir, en quantité croissante, entre les mains, même après en avoir, suivant la susdite théorie, payé en salaires toute la valeur?

Ce qu'achètent les capitalistes pour leur satisfaction ou leurs besoins retourne en salaires, dit-on, eh bien ! soit. Que tout aboutît ainsi à être dépensé en salaires, et cela prouverait que, sans le travail qui est rétribué par ces salaires, le ca-

____

(1) 1er vol. du *Capital*, éd. française, p. 258.

pitaliste ne pourrait rien avoir ; s'il a donc besoin du travail, s'il ne paye des salaires que parce qu'il ne peut pas faire autrement pour avoir ce qu'il lui faut, pourquoi serait-il loué d'agir conformément à son intérêt le plus vulgaire? Autre chose : tout est dépensé en salaires, dit-on ; mais tout salaire, nous l'avons vu, comporte surtravail, c'est-à-dire que toute quantité de travail payé comporte une certaine quantité de travail gratuit. Dès lors, si tout se résout en salaires, tout se résout : 1° en travail dont le capital paye l'équivalent ; 2° en travail gratuit dont il profite ; par conséquent, au lieu de dire que tout se résout en salaires, il serait plus juste de dire que tout, même les salaires payés aux ouvriers, l'argent dépensé par eux pour acheter les produits dont ils ont besoin et dont le prix est supérieur à ce qu'ils ont touché pour les réaliser, que tout se résout en profits capitalistes.

D'ailleurs, continuent nos adversaires, ces profits existent-ils toujours ? Ne sont-ils pas nombreux les capitalistes dont les opérations se chiffrent en perte ? D'abord, même individuellement pour chaque capitaliste, il faut examiner non un cas isolé, mais l'ensemble des affaires. Ensuite, s'il est incontestable que des capitalistes perdent, il est également incontestable que, en masse, la fortune de la classe capitaliste ne cesse pas de s'accroître considérablement. Les pertes réelles de telles ou telles individualités n'ont que deux sources : leur responsabilité incombe **soit au** capitaliste lui-même, soit au milieu capitaliste.

Ou un capitaliste organisera mal son exploitation, sera incapable de la diriger, se livrera à des essais défectueux, voudra pour gagner davantage faire les choses trop en grand, conclura de mauvais marchés; il gaspille ainsi du surtravail, comme un autre jette l'argent par les fenêtres, et, au lieu d'encaisser un profit, il éprouve une perte. En quoi cela empêche-t-il le surtravail d'être la cause du profit, là où il y a profit ? Et pourquoi l'ouvrier serait-il associé à la faute du patron, dans une forme de production où celui-ci est le souverain maître ?

Ou, malgré toute son habileté et sa compétence, un capitaliste sera ruiné par des concurrents qui, ayant les reins plus solides, pourront entreprendre contre lui une guerre au couteau. Qu'est-ce que cela prouve contre l'origine du profit ou au détriment de l'ouvrier ? C'est la condamnation du milieu capitaliste, et voilà tout (1).

Enfin, en désespoir de cause, les économistes ont l'habitude de se rabattre sur l'amélioration progressive du sort de l'ouvrier qui aurait de la sorte, selon eux, sa part dans les profits ; à les en croire, sa situation actuelle est pour lui le paradis en comparaison d'autrefois. Quand les salai-

(1) Voir, sur cette question des pertes, l'article de A. Delon, dans la *Jeunesse socialiste*, avril 1805.

res seraient aujourd'hui nominalement plus élevés, la vie est aussi plus chère et beaucoup d'ouvriers ne connaissent de nos jours encore d'autre
nourriture que le pain, d'après M. Paul Leroy-
Beaulieu lui-même. Voici, en effet, ce qu'il écrivait dans le *Journal des Débats* (1), à propos des
droits sur les blés, — il ne l'aurait peut-être pas
écrit dans un article sur les salaires :

« Un ouvrier consomme au moins 400 kilog. de
blé par an ; beaucoup même en consomment
moitié de plus, ceux qui se livrent à des travaux
pénibles et qui n'ont pas des salaires suffisants
pour varier beaucoup leur nourriture, en y faisant
entrer de la viande, du poisson et des légumes
frais. »

Quelques jours avant, M. L. de Mandat-Grancey disait dans le *Figaro* (2) :

« Si l'on tient compte de la différence du prix
de l'argent, et surtout des chômages, les salaires
sont loin d'avoir monté. »

Sans insister là-dessus, je veux bien admettre
qu'il y a eu amélioration sur le passé, mais que
peut prouver une pareille comparaison ? On
s'abstiendrait de la faire, si on n'oubliait pas que
le bien-être est une chose essentiellement relative. Pour se rendre exactement compte du changement en bien ou en mal survenu dans l'état des

(1) Ed. blanche, 12 février 1894.
(2) N° du 2 janvier 1894.

travailleurs, il faut comparer non pas ce qu'ils consomment aujourd'hui avec ce qu'ils consommaient autrefois, mais l'écart existant entre la vie ouvrière et la vie patronale autrefois et aujourd'hui.

Parce que l'ouvrier a du linge de nos jours, peut-on affirmer qu'il est beaucoup plus heureux que le sauvage qui, s'il n'en a pas, n'a même pas l'idée d'en avoir? La vérité est qu'il faut distinguer entre ne pas satisfaire des besoins qu'on ignore, et éprouver des besoins qu'on ne peut satisfaire. En définitive, on ne doit pas comparer la situation actuelle de l'ouvrier à sa situation ancienne, mais la situation respective, aux différentes époques, de ceux qui sont en haut et de ceux qui sont en bas de l'échelle sociale. Et, sans vouloir être le moins du monde un apologiste du temps passé, on doit reconnaître qu'il y a une chose certaine : autrefois le salaire de l'homme suffisait à lui seul à la vie de toute la famille et aujourd'hui, pour ne pas vivre mieux par rapport au degré de civilisation atteint, il faut que le travail de la femme et celui des enfants viennent s'ajouter à celui de l'homme.

Du reste, quand bien même les salaires actuels permettraient à l'ouvrier de mieux vivre qu'autrefois, ce n'est pas cela qui changerait quelque chose au fait que l'ouvrier ne touche son salaire, quel qu'il soit, qu'à la condition de fournir une certaine quantité de travail qui ne lui est pas payée, une certaine quantité de surtravail, et que c'est ce surtravail qui constitue l'exploitation de l'ouvrier et le profit du capitaliste. Vous devez voir maintenant que rien de ce qu'objectent les capitalistes et leurs défenseurs, n'entame cette constatation (1). La race ou la religion des pos-

(1) Mais, de même que le prix de toutes les marchandises, y compris la force de travail, de même que le salaire, prix de cette dernière marchandise, évoluent autour d'une base qui est leur valeur déterminée par la quantité de travail nécessaire en moyenne, dans des conditions sociales définies, à leur production, de même le profit qui a pour base le surtravail, peut être supérieur ou inférieur à la quantité de surtravail, c'est-à-dire de valeur en plus, de plus-value, qu'il renferme. Par suite, en effet de la concurrence des capitaux entre eux, il s'établit un taux de profit moyen.

C'est là ce que Marx a exposé dans le troisième volume du *Capital*. Il s'est aussitôt rencontré de bons apôtres, plus mal intentionnés que bien inspirés, pour s'écrier que Marx démolissait ainsi lui-même sa théorie.

J'avoue que, pour ma part, une seule chose m'a paru extraordinaire, c'est l'étonnement plus ou moins sincère, dépité là, triomphant ici, de tous ces bruyants critiques ; car le troisième volume du *Capital* ne peut étonner que ceux qui n'avaient pas compris le premier. Que Marx ait démoli leur façon de le comprendre, c'est possible ; mais il n'a point démoli ce qu'il avait réellement écrit. Aussi ce qu'ils auraient de mieux à faire maintenant, serait-il, au lieu de crier après Marx, de tâcher de comprendre qu'ils n'avaient pas, et pourquoi ils n'avaient pas, compris l'œuvre de celui qui, loin d'agencer un système préconçu, s'est avant tout et en tout toujours montré soucieux de la seule réalité.

De même qu'une forte demande de force ouvrière peut amener une hausse des salaires, celle-ci un nombre élevé de compétiteurs, qui ramène à son tour le salaire à un niveau plus conforme à ce qu'il est ailleurs, de même la

sesseurs du capital ne change rien à l'affaire. Qu'ils soient juifs ou catholiques, le mal, pour l'ouvrier, vient, non de là, mais de ce que, par la possession du capital, ils ont les moyens de l'exploiter, de lui soutirer du surtravail, ce dont ni juifs ni catholiques ne se privent.

différence des profits, née de la différence de la quantité de surtravail soutirée dans les diverses branches d'industrie, pousse le capital vers les branches privilégiées, vers celles qui rapportent davantage. Cette affluence de capitaux et la concurrence qui en résulte, entraînent une baisse des profits. Par le jeu de la concurrence, par l'émigration des capitaux, qu'elle provoque, d'une branche d'industrie vers une autre, les profits finalement s'équilibrent et voilà d'où sort le *taux du profit moyen.*

Rien n'est plus naturel que cela, et la preuve c'est que, dans mon *Cours d'économie sociale* (*l'Evolution du capital*, IV Machinisme et grande industrie) publié en 1884, j'ai écrit page 18 : « Dès que les profits dans une branche d'industrie dépassent le taux moyen, des capitaux additionnels sont alléchés et s'y jettent ». Je ne faisais là qu'interpréter ce que Marx avait déjà écrit. On lit, en effet, dans la *Misère de la philosophie* (*Misère de la philosophie, réponse à la Philosophie de la misère, de M. Proudhon,* Paris et Bruxelles, 1847) p. 169 : « La concurrence tendant toujours à niveler les profits, ceux qui s'élèvent au dessus du taux ordinaire, ne sauraient être que passagers ».

En quoi, je le demande, la fluctuation des profits et leur taux moyen pourraient-ils les empêcher d'avoir le surtravail pour base ? Est-ce que, lorsque deux gamins se balancent à l'aide d'une poutre placée en équilibre sur un tronc d'arbre, le fait d'aller plus haut ou plus bas que le point d'appui, nuit à l'existence de celui-ci ou à son importance ?

(Voir sur cette question, l'article de Conrad Schmidt, dans le *Devenir social*, n° de mai 1895 et le dernier travail d'Engels, *le Devenir social*, n° de novembre 1895).

IV

Tant que les moyens de production appartiendront à certains et que ceux qui les mettent en œuvre ne posséderont que leur force de travail, ces derniers seront obligés de vendre leur force aux détenteurs des moyens de production, et ils ne pourront la vendre qu'à la condition de livrer à ceux-ci une quantité de travail plus grande qu'il ne faut pour compenser le prix de leur force, pour compenser leur salaire, qu'à la condition de se laisser exploiter. Le profit des uns et l'exploitation des autres ne disparaîtront qu'après une transformation de la propriété, transformation qui consacrera le caractère social, commun, ou collectif, que la propriété a déjà, transformation qui réunira dans les mêmes mains, de la manière compatible avec les faits, les moyens de production et la force de travail. Le surtravail et l'exploitation ouvrière persisteront autant que la séparation des moyens de production et de la force de travail, mais cela ne veut pas dire qu'en attendant leur réunion, il n'y ait pas d'amélioration possible. Sans cette

réunion qu'effectuera la socialisation des moyens
de travail ayant déjà manifesté des tendances collectives, si on ne peut pas supprimer le mal, on
peut l'atténuer, et c'est le moyen de l'atténuer que
je vais maintenant exposer.

Nous savons que le salaire est le prix de la
force de travail payé sous la forme de prix d'une
somme de travail, et que cette somme de travail
contient du surtravail. C'est le salaire qui, à
trop juste titre, préoccupe avant tout les ouvriers
disposés, la plupart du temps, à passer par toutes les autres conditions, les uns pour en conquérir un quelconque, les autres pour accroître
autant que possible celui qu'on leur accorde. Or,
de quoi dépend pour les uns ce salaire qu'ils
n'ont pas et qu'ils désirent, pour les autres le
degré d'élévation du salaire qu'ils ont?

Des socialistes mettent en avant, à la suite de
Lassalle, la prétendue loi d'airain sur les salaires
d'après laquelle ceux-ci seraient toujours déterminés, sauf de petites oscillations peu importantes, par l'équivalent des moyens d'existence
absolument indispensables ; le salaire, en un mot,
serait déterminé par le minimum des moyens
d'existence. Puisqu'on n'admet que de petites
oscillations, comment, avec une loi pareille,
pourrait-on expliquer les variations souvent importantes de salaires dans le même lieu, c'est-à-
dire avec le même prix des moyens d'existence,
d'une industrie à une autre, n'exigeant toutes les

deux qu'une somme équivalente de connaissances techniques, ou la réduction fréquente des salaires, dans un même endroit et une même industrie, sans réduction correspondante du prix des moyens de vivre ?

Les économistes, eux, prétendent que les salaires sont déterminés par la loi de l'offre et de la demande. Que l'offre et la demande aient une action sur les salaires, c'est ce que nous reconnaissons nous-mêmes, et je dirai tout à l'heure quelle est cette action. Seulement le rapport de l'offre et de la demande ne saurait jamais expliquer que les variations de prix au dessus ou au dessous d'un certain chiffre. Supposons, en effet, que l'offre et la demande se balancent exactement, leurs actions modificatrices sur le prix s'annulent, mais ce prix n'en existe pas moins. Par quoi donc est-il déterminé dans cet état d'équilibre? Voilà la question. L'offre et la demande qui peuvent parfaitement occasionner des oscillations dans le prix, ne sont pas les causes de ce prix.

Ce qui détermine le prix des salaires, c'est le prix des produits normalement nécessaires à la conservation quotidienne de la force de travail, à sa reproduction familiale, et à son éducation technique : la quantité des produits nécessaires varie suivant les mœurs, suivant les besoins des ouvriers. Il n'y a pas de loi économique qui oblige ces besoins à se trouver toujours réduits à leur strict minimum. Mais le but vers lequel tendent les capitalistes est de réduire le plus possible les salaires, et tout leur est bon à cet égard. Tantôt ils abusent de ce que le travailleur a quelques petites ressources ; écoutez ce qu'écrivait M. L. de Mandat-Grancey, dans l'article que j'ai déjà cité (1), à propos des ouvriers de la campagne qui possèdent un petit bout de terre :

« L'accession de l'ouvrier à la petite propriété n'a pas eu pour effet de lui donner un revenu qui, ajouté à son salaire, lui aurait procuré l'aisance. C'est le salaire au contraire qui a baissé de telle sorte que, ajouté à son revenu, il forme l'appoint strictement nécessaire pour le faire vivre. Le coupeur de bois auquel je donne trente sols, je ne pourrais pas lui en donner quarante, parce que, tous mes voisins ne lui en donnant que trente, mes prix de vente seraient insuffisants pour me couvrir de l'augmentation de ma dépense, mais il n'en est pas moins vrai que je ne lui paye pas ce que vaut son travail, puisque le salaire doit nourrir l'ouvrier et qu'il ne peut pas vivre en ne gagnant que trente sols. Et, en réalité, ce n'est pas lui qui jouit de son capital, c'est moi — puisque c'est uniquement parce qu'il a ce capital que je puis ne le payer que trente sols. »

Tantôt donc ils abusent de ce que le travailleur a quelques petites ressources, tantôt ils font fonctionner à leur profit — et c'est ici que nous la re-

____

(1) *Le Figaro*, 2 janvier 1894.

trouvons — la loi de l'offre et de la demande. C'est grâce à la présence, sur le marché du travail, d'une masse de bras qui chôment et qui sont prêts à travailler à n'importe quel prix, qu'ils peuvent dicter leurs conditions à qui travaille : la faim de ceux qui chôment engendre ainsi la misère de ceux qui sont occupés. Ce qui est nécessaire au capital pour pouvoir payer le moins possible à l'ouvrier, c'est la présence de sans-travail, de ce que Marx a appelé « l'armée de réserve industrielle » ; et, pour maintenir à sa disposition cette armée, cette surabondance de bras, le capital a recours à tous les moyens ; non content d'attirer dans les villes les ouvriers des campagnes, il appelle à son secours, en bon patriote, les malheureux belges, allemands ou italiens. Par cette concurrence soigneusement entretenue, que des ouvriers sont toujours prêts à faire à des ouvriers, par l'offre plus grande que la demande, le capital oblige ceux qu'il occupe, non seulement à se contenter du minimum que leurs besoins comportent, mais à réduire leurs besoins : au lieu de café, de viande et de vin, par exemple, l'offre, toujours menaçante, de bras inoccupés force le travailleur à se contenter de pommes de terre, de pain et d'eau. Le minimum des besoins n'est alors pas atteint. Les besoins les plus urgents, tels que le cube d'air indispensable dans un logement sain, ne sont plus satisfaits et, au lieu du minimum de ce qu'il faut pour vivre, c'est le minimum de ce qu'il faut pour retarder leur mort, que touchent seulement de trop nombreux ouvriers.

Le plus grand intérêt de la classe ouvrière tant que notre société capitaliste n'aura pas été transformée ainsi qu'elle tend à l'être, est de réduire autant que faire se peut l'armée de réserve du capital, le nombre des sans-travail. Contre l'abus des bras étrangers à bon marché, il n'est qu'un remède efficace, c'est l'interdiction légale d'employer des étrangers à un salaire inférieur à celui des nationaux, avec de fortes amendes pour les fraudes exactement comme en matière de fraudes douanières. Vous voyez que nous ne demandons ni expulsion, ni impôts dont les malheureux feraient les frais ; nous voulons simplement que les patrons ne puissent plus payer les étrangers moins cher que les nationaux, qu'ils n'aient plus, dès lors, intérêt à affamer leurs compatriotes.

Mais le plus puissant moyen pour diminuer le nombre des sans-travail, de ces sans-travail grâce auxquels les patrons peuvent faire travailler beaucoup et payer peu, c'est la limitation légale de la journée de travail à huit heures. Avec elle les ouvriers qui travaillent, n'ayant plus à craindre ou n'ayant à craindre que dans des conditions beaucoup moindres, la concurrence des ouvriers qui chôment, pourraient non seulement, tout en travaillant moins, toucher autant qu'aujourd'hui, mais encore demander et obtenir une augmentation, et c'est ce que je vais essayer de vous prouver.

Ce qui influe sur le salaire pour le déprimer, c'est la présence en grand nombre des inoccupés. Sachant qu'il peut vous remplacer du jour au lendemain, le patron vous tient ; sachant que vous pouvez être remplacés, vous vous soumettez à ses volontés et vous ne pouvez pas faire autrement. Supposez la situation retournée : par suite, sinon de la disparition, impossible dans le milieu capitaliste, du moins d'une forte diminution des inoccupés, le patron ayant besoin d'une certaine quantité de travail, d'un certain nombre de bras, sait qu'il ne trouverait pas immédiatement assez de bras aptes à remplacer ceux qu'il occupe, si ceux-ci suspendaient le travail ; ses ouvriers le savent également, ils en profitent et réclament une augmentation de salaire. Que voulez-vous que fasse le patron ? Il ne peut faire qu'une chose, céder, céder la mort dans l'âme ou dans la bourse, mais céder. Or, comme avec la réduction générale de la journée à huit heures il faudrait embaucher plus d'ouvriers pour avoir la même quantité de travail, le nombre des inoccupés diminuerait du coup considérablement, et diminuerait aussi, en même temps que la concurrence des candidats au travail, la facilité pour les capitalistes de maintenir les bas salaires.

Je sais très bien que l'intensité du travail, qui tire de l'ouvrier plus d'activité dans le même temps, pourrait progresser et permettre, dans certains cas et dans certaines limites, de regagner en efficacité ce qu'on perdrait en durée, d'obtenir, autrement dit, après la réduction de la journée, autant de produits qu'avant avec le même nombre d'ouvriers. A cet égard il vient d'être fait en Angleterre, au grand contentement des patrons et des ouvriers, une très intéressante expérience dans un établissement d'ingénieur-constructeur occupant douze cents ouvriers (1). Seulement on passait là, de 53 heures de travail par semaine, à 48 heures, de 9 heures à peu près en moyenne par jour à 8 heures. Dans ces conditions les ouvriers occupés sont plus heureux puisque, leurs salaires restant les mêmes, ils ont une heure de plus de liberté, et vous avouerez que c'est quelque chose ; toutefois, le nombre des inoccupés ne diminue pas.

Si nous passions, en France, de l'état où nous sommes à la journée de huit heures, ce nombre diminuerait forcément, l'intensité du travail ne pouvant pas subitement devenir assez puissante pour suppléer à la diminution de sa durée. Aussi, est-il certain que le premier et le plus important effet de la réduction légale de la journée à huit heures, serait de réduire énormé-

(1) Il s'agit de la maison Mather et Platt, près de Manchester ; les détails de cette expérience racontés par un des patrons lui-même, M. Mather, ont été publiés dans le *Times* du 29 mars 1894 et reproduits dans le n° du 30 du *Journal des Débats*, éd. rose.

ment le chômage ; or la diminution du nombre
de ceux qui chôment, comporte la possibilité,
pour les ouvriers, de conserver leurs salaires
actuels et même de les faire augmenter.

Et ce maintien ou cette élévation des salaires
avec journée moindre qui, effectuée aujourd'hui
par quelques-uns, isolée, pourrait réduire les
bénéfices de certains patrons soumis à ce régime,
deviendrait, au contraire, si elle était généralisée — et ce serait le cas avec la réduction légale
de la journée à huit heures — avantageuse pour
les patrons en même temps que pour les ouvriers.
Car les forts salaires — et nous avons vu que les
salaires tendraient à s'accroître par suite de la
difficulté de résister à une demande d'augmentation, difficulté résultant pour les patrons de la
diminution de la concurrence ouvrière — les
forts salaires, dis-je, aboutissent à une plus forte
consommation et celle-ci à un plus rapide écoulement des produits ; de telle sorte que, en fin de
compte, à la multiplication, pour les ouvriers,
des occasions de travailler, correspondraient,
pour les patrons, des occasions plus nombreuses
de vendre et de gagner.

Les statisticiens bourgeois ont calcule qu'il y a
un peu plus de neuf millions d'ouvriers qui pro-
fiteraient actuellement, en France, de la réduction légale de la journée à huit heures. Que, dans
ces conditions, on veuille bien admettre une
simple augmentation d'un franc en moyenne par

jour pour la moitié des intéressés, c'est-à-dire pour quatre millions et demi d'ouvriers et l'accroissement, ainsi obtenu, de la capacité d'achat des consommateurs français équivaut à une augmentation de plus du tiers. du chiffre annuel de nos exportations. Un débouché nouveau d'un milliard trois cent cinquante millions n'est pas à dédaigner, et l'activité dont il serait la source aurait d'heureuses conséquences pour tous.

Si notre industrie est dans un état d'infériorité qui faisait écrire, il y a quelques mois, au rédacteur scientifique du *Temps*, dans une étude sur l'outillage : « Nos industriels devraient renoncer énergiquement aux nombreux fusils à pierre industriels, pour adopter les fusils à répétition qui forment l'armement des puissantes usines voisines », c'est que, tant qu'il leur sera possible de suppléer à la qualité de leurs machines de fer par la quantité de travail et le bon marché de leurs machines de chair, la plupart de nos patrons feront l'économie du matériel perfectionné en dehors duquel, tôt ou tard, dans le milieu capitaliste, il n'est pas pour eux de salut. La hausse des salaires aurait donc une importance capitale au point de vue du progrès économique, elle obligerait tous les patrons à faire ce que leur intérêt leur commande et ce que leur cupidité maladroite les empêche de faire, sauf de rares exceptions : elle les obligerait à transformer, à renouveler un outillage vieilli et démodé. Ce qui contribue à maintenir l'industrie française dans un état d'infériorité, c'est donc que l'ouvrier français travaille trop et à trop bon marché ; et il est contraint à travailler beaucoup, pour toucher peu, par la foule, toujours prête à prendre sa place, des sans-travail.

Bien que l'évidence de ces idées ressorte, à mon sens, de leur exposé, je ne me contenterai pas de vous faire comprendre par le raisonne-ment la justesse de ma thèse, et je rappellerai certains faits qui sont des preuves.

Vous savez que la durée du travail industriel est fixée, en Angleterre, à cinquante-six heures par semaine, soit dix heures par jour pendant cinq jours, six heures seulement le samedi et repos complet le dimanche. Or, l'Angleterre, qui a la plus courte journée de travail de tous les pays d'Europe, a aussi les salaires les plus élevés ; et les résultats indéniables sont une consomma-tion plus forte, une production plus développée, un meilleur outillage que partout ailleurs. Donc, après avoir plus dépensé que les patrons fran-çais pour leur outillage, les patrons anglais dépensent encore plus que ceux-ci pour les salaires ; et quoique la journée de travail soit chez eux plus courte que chez nous, ils gagnent plus que nos patrons et, d'une façon générale, leur production l'emporte sur la nôtre. Les faits sont là : ni les salaires, ni les bénéfices des patrons, ni l'importance de l'industrie, ne souffrent de la réduction de la journée.

Voici, en outre, un petit fait qui démontre la vérité constante de la thèse que, loin de diminuer, les salaires augmentent avec cette réduction. Je vous ai rappelé qu'en Angleterre, une journée de neuf à dix heures est payée par un salaire plus élevé que ne l'est chez nous une journée beaucoup plus longue ; eh bien ! dans certaines industries qui ont pu, en Angleterre, obtenir la journée de huit heures (1), on gagne encore plus que dans celles où la journée est restée de neuf à dix. D'après le journal anglais *Justice*, du 10 mai 1890, en effet, les ouvriers plombiers anglais touchaient, avec la journée de huit heures, un salaire plus élevé, par heure, d'un penny, de dix centimes, que celui de la plupart des autres ouvriers en bâtiment dont la journée était cependant plus longue.

Enfin, le collaborateur de M. Léon Say, que j'ai déjà cité, M. J. Chailley-Bert, va nous fournir une nouvelle preuve prise aux États-Unis (2).

« En 1874, l'Etat de Massachusetts vota une

(1) D'après le rapport du Comité parlementaire des Trade-Unions au 27e congrès, tenu en septembre 1894, à Norwich, on comptait alors, dans le Royaume-Uni, y compris les employés des administrations de l'Etat, 91.313 travailleurs, ayant 48 heures de travail par semaine, soit huit heures par jour avec repos le dimanche. (*Journal des Débats*, édit. rose, 6 septembre 1894.)

(2) *Journal des Débats*, édit. rose, 29 mars 1894.

loi « de dix heures ». Le Massachusetts, cependant, était dans une condition particulièrement délicate. Il est de tous côtés entouré de concurrents : le Maine, le New-Hampsire, le Connecticut, Rhode-Island, etc., renferment, comme lui, nombre de filatures et de tissages de coton ; et aucun d'eux n'avait limité par une loi la durée de la journée de travail. Qu'allait-il devenir de l'initiative prise par le Massachusetts ?

« Au bout de six ou huit années, M. Carroll-D. Wright fut chargé de faire sur ce point une enquête. Cette enquête révéla les faits suivants En 1831 le Massachusetts détenait, à lui seul, la moitié de la production totale du coton aux États-Unis : soit, 12 à 13 millions de dollars. En 1880, il détenait encore la même proportion ; seulement les 12 à 13 millions étaient devenus 72 millions de dollars. Donc, malgré la loi de 10 heures, l'industrie du Massachusetts avait parfaitement soutenu la concurrence. Ce n'est pas tout. En comparant la durée du travail et le taux des salaires dans les divers États intéressés, M. Carroll-D. Wright arrivait aux résultats suivants :

États.	Heures de travail par semaine.	Salaire moyen par semaine.
Maine.	66 1/8	35 fr. 20
New-Hampsire. .	66 1/7	37 fr. 20
Connecticut. . .	65 1/4	39 fr. 05
Rhode-Island. .	66	43 fr. 05
New-York . . .	65 1/4	37 fr. 85
Massachusetts .	60	41 fr. 60

« En faisant la moyenne pour les cinq premiers États, on trouve une durée de travail de 65 heures 1/2 par semaine avec un salaire moyen de 38 fr. 35. La comparaison avec le Massachusetts donne pour ce dernier un surcroît de salaire de 3 fr. 25 avec 5 heures 1/2 de travail en moins.

« Ajoutons encore ce détail, qui a son importance : encouragés par ces résultats, les États de Rhode-Island, New-Hampsire, Maine, Vermont, qui, jusqu'alors avaient été opposés à la loi de 10 heures, l'adoptèrent à leur tour. »

A en croire les adversaires de la réduction légale de la journée, qui ont réussi à le persuader à beaucoup de travailleurs, forts salaires et courte journée s'excluraient, tandis que, partout où l'expérience a été faite, le contraire a été incontestablement établi. Parce que nombre d'ouvriers touchent un prix de l'heure très bas et aspirent, dès lors, à travailler de longues heures pour réaliser un salaire suffisant, ils s'imaginent qu'après la réduction légale à huit heures, ils ne pourraient plus vivre; c'est qu'ils tablent toujours, comme prix définitif, sur le bas prix de l'heure qui leur est accordé, et c'est là leur erreur. Tous les faits prouvent que, avec la réduction légale de la journée, c'est-à-dire avec la défense pour les patrons de faire travailler plus de huit heures par jour, le prix de l'heure hausserait.

Et cela se comprend facilement. Quand le patron a le pouvoir d'agir à sa guise, il en abuse :

longue journée et petit salaire lui semblant avantageux deviennent le régime normal de ses ouvriers. Au contraire, à mesure que les circonstances favorisent moins la toute-puissance du patron, la journée raccourcit et le salaire s'accroît (1).

La prolongation de la journée et l'avilissement des salaires ont la même origine — possibilité de pression de la part du capital, grâce à la présence de sans-travail qu'il a à tout instant la faculté d'embaucher en nombre suffisant. Inversement, journée courte et fort salaire sont liés à leur tour et proviennent du pouvoir de résistance des ouvriers qui grandit lorsque diminue l'effectif des sans-travail capables de les remplacer. En définitive, abaissant le nombre des sans-travail, la réduction de la journée à huit heures vous rendrait plus forts en face de vos patrons qui le seraient moins!, et vous permettrait de leur imposer une hausse de vos salaires.

Acculés à cette vérité que les faits relatifs à l'Angleterre et aux États-Unis, cités tout à

(1) En Australie, la plupart des ouvriers ont la journée de huit heures. Or, voici ce qu'on lisait dans une « lettre d'Australie » publiée par le *Temps* du 22 juin 1894 : « Les ouvriers australiens sont d'une exigence dont rien n'approche. Quoique la vie soit en Australie moins dispendieuse qu'en Europe, ils sont payés très cher. » Ici encore, nous constatons la coïncidence de la journée réduite, des salaires élevés et de la vie à bon marché.

l'heure, rendent éclatante, nos adversaires font une dernière objection. Si les salaires haussent, concluent-ils, les patrons, pour se rattraper, élèveront le prix des produits dans les mêmes proportions. Telle est l'objection ; mais, pour qu'elle fût fondée, le salaire devrait seul avoir une action déterminante sur les prix ; en fait, il n'en est rien, et le salaire ne participe le plus souvent au prix de vente des marchandises que pour une fraction bien minime. Dans la grande industrie principalement, la quantité de produits sur laquelle porte la répartition des salaires, est telle qu'une importante augmentation de ceux-ci ne constituerait, pour le prix de chaque produit particulier, qu'une élévation imperceptible et ir-réalisable. La preuve, du reste, que le prix des marchandises n'est pas à la disposition des patrons, libres de recouvrer par son renchérisse-ment le surplus donné en salaires, se trouve dans les doléances de ces messieurs en face d'une de-mande d'augmentation. N'accorderaient-ils pas plus fréquemment l'augmentation réclamée, plu-tôt que de courir les risques d'un arrêt de travail, s'ils étaient maîtres de la fixation des prix, de fa-çon à compenser la diminution du taux de la plus-value qu'entraîne la hausse des salaires, par une élévation correspondante du prix de leurs marchandises ?

Ce qui vient de se passer pour le blé, démontre clairement que les propriétaires ne peuvent pas fixer les prix de vente à leur gré, ni même au taux qu'exigerait leur prix de revient. Le blé avait beau leur revenir en France à 20 francs en moyenne les 100 kilos, cela ne l'empêchait pas de se vendre plus bas, et, pour qu'ils ne fussent pas obligés de le livrer à 14 francs et au dessous, comme il se vend en ce moment (avril 1894) à Bruxelles, il a fallu voter en leur faveur un droit de 7 francs sur les blés importés. En matière de prix, il faut compter avec la concurrence non seulement nationale, mais étrangère. Aussi, des capitalistes ne peuvent vraiment déterminer le prix d'une espèce de marchandises, que s'ils parviennent à accaparer toutes ou à peu près toutes les marchandises de cette espèce à même d'être offertes : le fait s'est produit, notamment, pour les cuivres et pour les pétroles. Ces opérations réclament des capitaux énormes, or l'énormité des capitaux nécessaires limite les espèces de marchandises dont l'accaparement est possible ; et quand des accapareurs règlent les prix de la marchandise qu'ils détiennent, il y a là, de leur part, une spéculation qui n'a rien à voir avec le taux des salaires.

Enfin, l'exemple de l'Angleterre établit péremptoirement qu'une hausse des objets de consommation ne suit point nécessairement une augmentation des salaires ; l'ouvrier anglais vit, comparativement, à meilleur marché que l'ouvrier français, bien que son salaire soit plus fort ; et, d'une façon générale, les produits anglais se vendent moins cher que les nôtres, quoique ceux-ci soient l'œuvre d'ouvriers travaillant plus longtemps pour un salaire moindre.

La hausse et la baisse des salaires n'indiquent que la proportion selon laquelle le produit d'une journée de travail est partagé entre capitalistes et travailleurs ; une élévation de salaire ne change pas ou ne change guère le prix de la marchandise (1), elle diminue le surtravail. Le patron français a un moyen d'améliorer ses affaires, c'est celui dont se sont bien trouvés les patrons anglais qui gagnent plus, tout en livrant leurs produits à meilleur compte, en rémunérant davantage leurs ouvriers et en les faisant moins travailler, c'est le perfectionnement de son outillage et la diminution de ses frais généraux (2). Or, tout perfectionnement sérieux de l'outillage industriel amène une économie dans la production, économie qui se traduit bientôt par une baisse du prix des marchandises. Donc,

(1) « La hausse et la baisse du profit et des salaires n'expriment que la proportion dans laquelle les capitalistes et les travailleurs participent au produit d'une journée de travail, sans influer dans la plupart des cas sur le prix du produit. » (Marx, *Misère de la philosophie*, p. 169).

(2) « Le succès ne tient pas à l'économie sur la main-d'œuvre, mais surtout à l'habileté dans la direction. » (*Journal des Débats*, éd. rose, 6 décembre 1894. — J. Chailley-Bert).

une hausse des salaires, au lieu de provoquer la hausse du prix des marchandises, aboutirait finalement, en obligeant à perfectionner l'outillage, à une baisse de leur prix.

Je suis persuadé que, à elle seule, la réduction légale de la journée de travail à huit heures, aurait immédiatement en France aujourd'hui, sous tous les rapports, d'excellents résultats ; il est certain toutefois que, dans un temps plus ou moins long, ses heureux effets, au point de vue ouvrier, iraient en s'atténuant : rien de bon ne peut être durable sous le régime capitaliste. Mais, à chaque jour sa peine ; préoccupons-nous donc surtout, à cette heure, du moment présent. La réduction de la journée ne détruira pas le régime capitaliste, elle peut seulement en atténuer considérablement les maux et rien, dans le milieu actuel, ne saurait les atténuer au même degré ; cela doit suffire pour amener tous ceux qui poursuivent sincèrement l'amélioration du sort de la classe ouvrière, à consacrer tous leurs efforts à l'obtenir.

D'ailleurs, comme deux précautions valent mieux qu'une, on pourrait, pour plus de garanties, adjoindre, à la réduction de la journée, les mesures auxiliaires que préconisent les socialistes.

Ainsi, il ne s'agit pas d'exténuer les ouvriers, avec une journée courte, autant ou plus qu'avec une journée longue, et de rattraper sur l'intensité du travail ce qui serait perdu sur sa durée ; nous combattons l'épuisement de l'organisme, quelle que soit sa forme. Aussi y aurait-il lieu de limiter l'intensité du travail comme sa durée ; on pourrait, entre autres choses, pour cela, faire appel à la collaboration légalement obligatoire des corporations ouvrières compétentes, des syndicats généralisés, dans le règlement des conditions particulières de chaque genre de travail.

On pourrait, d'autre part, recourir à la fixation légale d'un minimum des salaires déterminé d'après le prix local de la vie. Cette fixation serait incontestablement juste. De même qu'une machine ne fonctionne qu'avec un certain minimum de force motrice, un minimum de nourriture, d'habillement et de logement est indispensable à l'homme, pour qu'il puisse continuer à vivre et à mettre en mouvement sa force de travail.

Est-ce qu'une intervention en ce sens des pouvoirs publics jurerait avec ce qui se passe sous nos yeux ? Est-ce que la loi ne garantit pas un minimum d'intérêts aux actionnaires des compagnies de chemins de fer ; est-ce qu'elle ne fixe pas certains honoraires ; est-ce qu'on n'a pas fixé également le prix de la course et de l'heure en fiacre ?

On objecte que cette fixation porterait atteinte à la sacro-sainte loi de l'offre et de la demande ; mais est-ce que cette fameuse loi n'est pas violée tous les jours pour tous les traitements et salaires des fonctionnaires, employés, ouvriers de l'Etat et des communes ? Vous devez vous souvenir de ces statistiques publiées de temps en temps, qui établissent qu'il y a dix, vingt, cinquante, cent candidats pour une place, et cependant cette affluence excessive n'entraîne aucune baisse du traitement ou du salaire fixé. Pour quel motif ce qui est admissible ici, ne le serait-il plus dès que les simples travailleurs sont en cause ? Notez, du reste, que la loi de l'offre et de la demande pourrait continuer à fonctionner pour ces derniers, il y aurait seulement, suivant l'expression de Guesde, un cran d'arrêt empêchant le salaire de descendre au dessous de ce qui est indispensable pour vivre.

Quant à ceux qui soutiennent que la fixation d'un minimum légal des salaires est impossible à réaliser, ils ne se doutent pas certainement de l'argument qu'il y aurait là contre la société actuelle: s'ils avaient, en effet, raison de dire que ce qui est strictement juste, étant donné même le milieu actuel, est impossible dans notre société, ce serait la condamnation de cette société prononcée par ses défenseurs eux-mêmes.

En l'absence même de la réduction légale de la journée à huit heures, la fixation d'un minimum des salaires aurait de bons effets, et on ne saurait trop engager les communes à inscrire ce minimum dans le cahier des charges de leurs travaux, de façon que les rabais consentis par les entrepreneurs, ne soient pas effectués au détriment de la vie même de leurs salariés. Avec la réduction légale de la journée à huit heures, l'utilité qu'il y a à réclamer cette fixation réside surtout dans la nécessité, où se trouvent les socialistes, de rassurer les ouvriers qui ont le tort de confondre l'insuffisance de besogne d'aujourd'hui faisant la journée trop courte et le salaire incomplet, avec la diminution de besogne devant résulter d'une réduction générale de la journée de travail.

Le prix ordinaire du travail à l'heure est calculé aujourd'hui sur ce que la journée régulière est de douze heures par exemple, et, si en ce cas les ouvriers travaillent moins de douze heures, ils ne touchent évidemment pas assez ; tandis qu'après la réduction légale de la journée, le prix ordinaire du travail sera calculé sur ce que la journée régulière sera de huit heures et le prix de l'heure en deviendra plus élevé, d'autant plus élevé que, la concurrence ouvrière étant moindre, l'ouvrier pourra plus efficacement demander et obtenir. Pour avoir un salaire insuffisant il faudra alors travailler moins de huit heures, alors qu'aujourd'hui il y a insuffisance de salaire si le travail n'est pas, par exemple, poussé jusqu'à douze.

Que les ouvriers se tranquillisent ; les socialistes ne veulent pas, bien au contraire, diminuer leurs salaires ; ce qu'ils veulent diminuer, c'est leur fatigue et leur exploitation. La preuve en est fournie précisément par le fait qu'ils réclament la fixation d'un minimum des salaires en même temps que la réduction légale de la journée à huit heures, quoique le seul établissement de celle-ci doive rendre inutile cette fixation parce que, par la force des choses, les salaires s'établiront au dessus.

J'ai terminé. J'ai essayé de **vous montrer** quelle était la nature du salaire et du profit, qu'ils impliquaient nécessairement l'exploitation des travailleurs, qu'il était impossible de supprimer cette exploitation dans le milieu économique actuel, mais qu'on pouvait l'atténuer, et que la réduction légale de la journée à huit heures était pour cela le meilleur moyen. Si vous voulez améliorer vos salaires, faites de la propagande en faveur de la journée de huit heures (1), dissipez les erreurs trop communes à ce sujet, amenez de plus en plus vos camarades de travail à n'accorder leurs suffrages, à quelque degré que ce soit, qu'à des partisans résolus de cette réforme, contribuez à développer un mouvement d'opinion favorable en expliquant, ce qui est la

(1) « Il faut que les ouvriers ne fassent plus qu'une tête et qu'un cœur ; que par un grand effort collectif, par une pression de classe, ils dressent une barrière infranchissable, un obstacle social qui leur interdise de se vendre au capital par « contrat libre », eux et leur progéniture, jusqu'à l'esclavage et la mort. » Cet obstacle c'est la détermination légale de la journée de travail (Marx, 1er volume du *Capital*, éd. française, p. 130).

vérité, que c'est de la réalisation de cette réforme que dépend une hausse générale des salaires. Plus on le saura et plus vous serez près du but. Savoir c'est vouloir et vouloir, pour le suffrage universel, en République, c'est pouvoir (1).

(1) Dans cette conférence sur un sujet qu'on m'avait demandé expressément de traiter, comme cela est expliqué page 91, c'est la question du salaire sous ses diverses faces qui a été avant tout envisagée ; la réduction de la journée à huit heures a été pour moi non le sujet principal, mais un sujet accessoire. On m'avait prié de répondre à certaines objections, c'est ce que j'ai fait, et c'est ce qu'on oublie lorsqu'on me reproche d'avoir trop parlé de certains avantages matériels — transitoires, me dit-on, et je l'ai dit moi-même page 145 — de la journée de huit heures, et pas assez de certains autres, tels que le temps ainsi gagné pour la propagande socialiste et dès lors une plus grande force de résistance des ouvriers aux exigences du capital.

Si je n'ai pas exprimé cette opinion dans la précédente conférence, je l'ai exprimée ailleurs. On peut lire, en effet, page 55 de mon *Aperçu sur le Socialisme. scientifique* déjà cité : « C'est avec joie qu'ils [les socialistes] accueilleraient, par exemple, la limitation des heures de travail. Les heures exténuantes employées à enrichir les capitalistes, pourraient être alors utilisées pour l'action politique et la propagande socialiste , auxquelles est physiquement réfractaire l'ouvrier maintenu des douze et quinze heures dans les bagnes industriels. »

Ceci rappelé, je ferai observer d'abord qu'il ne faudrait pas considérer comme constamment avantageuse à cet égard une réduction de la journée du travail obtenue dans n'importe quelles conditions (voir page 145-146 l'observation sur l'intensité du travail). Je ferai observer ensuite que la force de résistance au capital se rencontre dans certaines masses ouvrières bien organisées corporativement d'Angleterre et des Etats-Unis, sans être doublée d'une véritable conscience socialiste.

L'ÉTAT ET LE SOCIALISME [1]

***

I

Qu'est-ce que les socialistes pensent de l'État ? Comment l'envisagent-ils théoriquement dans le présent et pour l'avenir ? Quelles sont les conséquences pratiques qui en résultent ? Telles sont les questions auxquelles je me propose de donner ici une réponse, et cette réponse sera celle qui me paraît la plus conforme aux faits, c'est-à-dire à ce qui est et doit toujours être l'élément directeur du socialisme scientifique moderne, de notre socialisme.

Qu'est-ce que l'État ?

Je pourrais ici faire de l'érudition facile en citant un certain nombre de définitions dues à des philosophes et à des écrivains plus ou moins célèbres ; mais une pareille énumération aurait le même inconvénient que le soulier de Dupuy dans sa soupe, celui de tenir de la place,

(1) Conférence faite à Paris, à la salle de la rue d'Arras, le 26 avril 1895.

et serait, comme Dupuy tout entier, dépourvue du moindre avantage ; car, la plupart du temps, le mot État est identifié avec d'autres mots tels que société, nation ou gouvernement, et ce gâchis n'est pas propre à faire comprendre par les lecteurs ou auditeurs, ce que ses auteurs ne semblent pas bien comprendre eux-mêmes. Ne vous figurez pas que ce soit là uniquement critique de socialiste ; vous trouverez ces mêmes confusions constatées dans l'ouvrage d'un de nos adversaires, dans la *Politique* de M. Charles Benoist (1), qui est le dernier, à ma connaissance, ayant traité de ces questions chez nous.

Aussi, un peu parce qu'elle est la dernière venue et qu'elle a pu ainsi profiter de toutes les autres, beaucoup parce que son auteur a su du moins éviter des confusions de nature à embrouiller le débat, de toutes les définitions que les écrivains bourgeois ont données de l'État, je choisirai pour ma discussion celle de M. Charles Benoist.

« L'État, soutient-il, c'est la personne morale de la nation, s'incarnant et durant dans les institutions, revêtue de la force et du droit de contraindre ; on le reconnaît à ces deux signes : il fait la loi et perçoit l'impôt » (2).

---

(1) *La Politique*, par M. Charles Benoist, Paris, 1894. Chailley, éditeur, page 19.

(2) *Idem*, p. 25.

L'État, soutiendrai-je à mon tour, est le pouvoir public de coercition que la division en classes crée et maintient dans les sociétés humaines et qui, disposant de la force, fait la loi et perçoit l'impôt.

La seule différence réelle entre ces deux définitions, mais elle est capitale, consiste en ce que dans la seconde, c'est-à-dire pour les socialistes, l'existence de l'État dans une société est liée à l'existence de classes dans cette société, d'où la conclusion : pas encore de classes, pas encore d'État ; plus de classes, plus d'État. Tandis que, dans la première, c'est-à-dire pour les théoriciens bourgeois, l'État existe indépendamment de toute autre institution sociale et, en particulier, des classes : d'après M. Charles Benoist « il est congénital aux sociétés humaines, qui ne sauraient vivre sans lui » (1); contrairement à nous le même auteur pense que les « communautés primitives, les embryons de société contiennent un embryon d'État » (2) et que l'État est une « personne morale perpétuelle » (3).

Entre parenthèses, nous retrouvons ici cette passion de la perpétuité si accentuée dans la classe possédante et chez les économistes, ses défenseurs attitrés. D'après ceux-ci, en effet, la situation dont le capitaliste bénéficie n'est que la

(1) *La Politique*, p. 29.
(2) *Idem*, p. 29.
(3) *Idem*, p. 27.

réalisation de vérités éternelles, et le capital éternel doit éternellement faire des petits. Les capitalistes, dans leur soif insatiable du gain, crient de tout leur cœur à leur Dieu : « *in secula seculorum* amène », seulement, même exaucée, cette prière ne suffit point ; il faut, en outre, la protection de l'État. Aussi sont-ils, eux et leurs théoriciens, si empressés à se prononcer en faveur de sa perpétuité, ne blâmant son intervention que lorsqu'elle ne s'exerce pas à leur profit.

De la théorie socialiste sur l'État et de la théorie bourgeoise, quelle est celle qui correspond le plus exactement à la réalité ? Je crois pouvoir établir, en tout cas je vais chercher à établir, que c'est la nôtre. De la définition que j'ai donnée de l'État, il résulte d'abord que l'État n'a pas toujours existé, qu'il y a eu des sociétés sans État, ce qui n'empêchait pas ces sociétés d'avoir une organisation : possibilité d'organisation sociale sans État, l'État n'apparaissant et ne subsistant que dans les sociétés divisées en classes, telle est ma thèse

Des sociétés sans État ont duré jusqu'à nos jours parmi les Indiens de l'Amérique du Nord. C'est, du reste, en étudiant le régime social de ces Indiens, et spécialement des Iroquois, que Morgan a pu, par son remarquable ouvrage *Ancient Society*, permettre enfin de bien comprendre les sociétés primitives de la Grèce et de

l'Italie, sociétés qui ont reposé, comme les sociétés indiennes, sur la *gens*.

L'ouvrage de Morgan n'a pas été traduit en
français, mais il a été résumé et complété par
Engels (1), et c'est de l'étude d'Engels que sont
tirés les détails historiques qui vont suivre.

Quelle a été l'organisation constatée chez les
Indiens de l'Amérique et notamment chez les
Iroquois, c'est-à-dire chez ceux des Indiens qui
ont atteint la forme sociale la plus développée?
A la base on trouve la *gens*, de même que chez
tous les barbares dont on a pu connaître la façon
de vivre. Il nous suffit ici de savoir que la *gens*
était un groupement particulier d'individus s'attribuant une origine commune, habitant un
même territoire et ne pouvant se marier avec les
membres de la même *gens*.

Tous les membres de la *gens* indienne étaient
égaux et libres et agissaient fraternellement
entre eux. En temps de paix ils élisaient un
sachem, qu'ils pouvaient toujours révoquer à
leur gré et dont l'autorité, dépourvue de tout
moyen de coercition, était simplement morale.
Quant aux chefs nommés dans les cas de guerre,
ils n'avaient que la conduite des expéditions et
étaient révocables comme les sachems. A l'assemblée des adultes, hommes et femmes, appartenait
la souveraineté.

(1) *L'origine de la famille, de la propriété privée et de
l'Etat,* par Fr. Engels, traduit par H. Ravé.

Dans la tribu, réunion d'un certain nombre de *gentes*, et dans la fédération de tribus qui constitue la forme sociale la plus développée des Indiens, le pouvoir souverain était exercé par une réunion de sachems formant, soit le conseil de tribu, soit le conseil fédéral, dont les délibérations avaient lieu en présence des membres de la tribu ou de la fédération qui avaient le droit d'intervenir dans le débat. Or, les sachems composant ces conseils pouvaient à tout moment être révoqués par les *gentes* auxquelles ils appartenaient ; de plus, dans le conseil de tribu tous les sachems, et dans le conseil fédéral, où on votait par tribu, toutes les tribus, devaient se prononcer dans le même sens pour qu'il y eût décision valable.

Donc, si nous trouvons ici une organisation sociale, nous n'avons rien qui corresponde à l'État, non seulement tel que je l'ai défini, mais encore tel que le définissent nos adversaires ; car nous n'y trouvons pas la moindre trace de ce qui constitue l'État d'après M. Charles Benoist : pas d'autorité « revêtue de la force et du droit de contraindre », la loi, la règle à suivre par une certaine collectivité, n'était que l'expression de la volonté de cette collectivité toujours à même de se manifester efficacement, et il n'y avait pas d'impôts.

Pour prouver la vérité de ma thèse — l'existence de sociétés sans État — je vous ai cité des laits ; à l'appui de la sienne — l'existence de l'État dès l'origine des sociétés — M. Charles Benoist se borne à affirmer que « le premier chef militaire a été le premier État » (1). Or, s'il est vrai que le pouvoir exécutif soit par la suite sorti le plus souvent de l'institution d'un commandement militaire suprême, il est faux que le chef militaire ait eu de tout temps un pouvoir particulier quelconque en dehors de la direction des opérations de guerre ; il est faux notamment qu'il ait été « le gardien de l'ordre » (2) dans les collectivités basées sur la *gens*.

L'ordre dans ces collectivités — on a pu le constater chez les Indiens de l'Amérique — se maintenait admirablement de lui-même sans aucun appareil de coercition, malgré le nombre des affaires communes à régler, parce que leurs institutions ne donnaient lieu à aucun antagonisme entre des catégories d'individus qui étaient tous libres et égaux. Et on sait quels hommes étaient ces Indiens, quelles étaient leurs qualités morales, sauf à l'égard des ennemis, leur énergie et leur dignité (3).

Il me faut ici prévenir une interprétation dont sont coutumiers les adversaires du socialisme, et faire remarquer que l'éloge, à certains égards, des sociétés primitives ne comporte nullement

(1) *La Politique*, p. 29.
(2) *Idem*, p. 29.
(3) Voir ci-dessus, p. xvii, note, fin.

une intention de retour aux anciennes formes sociales. Que ces messieurs, si hostiles au socialisme et si fiers de leur civilisation, se tranquillisent : nous ne rêvons pas de les ramener à ce
qu'ils appellent l'état de nature ; cela changerait
vraiment trop, en effet, la plupart d'entre eux
d'avoir à substituer la droiture et l'horreur du
mensonge de l'Indien à leurs malhonnêtes procédés de polémique (1).

Si j'ai tant parlé des Indiens de l'Amérique du
Nord, c'est qu'on a pu de nos jours étudier, chez
eux, des formes sociales qui ont ailleurs disparu
depuis des siècles, et constater de la sorte l'existence de sociétés organisées sans État. Or, de
même que les phases d'évolution — enfance, jeunesse, âge mûr, vieillesse — avec leurs caractères
spéciaux, se succèdent et se ressemblent pour
tous les hommes dont des circonstances particulières n'arrêtent pas le développement, de même
les diverses sociétés humaines passent, au point
de vue de la famille, de la propriété, de la religion, de la politique, par des phases semblables et

---

(1) « D'une part on observe chez les individus des ré-
gressions qui annoncent la destruction prochaine de
l'organisme, elles impliquent une diminution dans l'é-
nergie de ses fonctions, des lésions organiques graves,
d'autre part on observe dans les espèces vivantes des
retours au type primitif, tels qu'ils ne supposent aucune
diminution dans le développement de l'espèce, même
qu'ils peuvent correspondre à une adaptation plus par-
faite.. » (L. Revelin, *le Devenir social*, juillet 1895, p. 386.

vont, elles aussi, plus ou moins loin sur la voie de l'évolution commune. Et tandis que, selon le mot de Marx, « le pays le plus développé industriellement ne fait que montrer à ceux qui le suivent sur l'échelle industrielle l'image de leur propre avenir » (1), à leur tour les pays les plus arriérés offrent aux autres l'image de leur propre passé. De fait, chez tous les peuples dont on a pu étudier les institutions primitives, on trouve à un moment donné, comme unité sociale, la *gens*.

La *gens* a notamment existé en Grèce et à Rome, et, derrière la *gens* grecque et la *gens* romaine telles qu'elles nous sont connues, s'aperçoivent, ayant seulement disparu beaucoup plus tôt, les signes caractéristiques de la *gens* indienne. Ainsi dans les temps homériques, où cependant la *gens* s'était déjà modifiée et où se montraient les éléments d'une organisation nouvelle, on trouve encore la souveraineté de l'assemblée populaire et l'absence d'une force publique distincte de l'ensemble des adultes mâles et pouvant être retournée contre eux. Si, en revanche, on voit poindre la constitution de familles nobles et apparaître le germe de l'hérédité du commandement militaire, on constate néanmoins que le chef, le *basileus*, n'a que des attributions militaires, religieuses et judiciaires : une puis-

(1) 1er volume du *Capital*, préface, p. 10 de l'édition française.

sance · politique ou gouvernementale, ressemblant à celle qui constitue essentiellement l'État, n'existe pas encore.

Comment s'opéra la transformation, comment l'État prit-il naissance?

Ce qui caractérise l'organisation sociale basée sur la *gens*, c'est la solidarité des intérêts de tous ses membres; entre eux point de situations antagoniques, par suite ni désir de répression contre les uns, ni pouvoir de coercition au profit des autres. Sortie de conditions sociales d'une extrême simplicité, cette organisation ne pouvait convenir à des conditions de vie plus complexes. A la meilleure époque de la *gens*, la production était très bornée et les moyens d'existence dépendaient surtout des faveurs ou des rigueurs climatériques. Mais, tandis que ce que nous appelons le nouveau monde était, avant la conquête européenne, à peu près dépourvu d'animaux propres à la domestication, l'ancien monde, lui, en était abondamment pourvu; et il semble que ce soit là ce qui a de prime abord permis à celui-ci de dépasser, depuis si longtemps et si prodigieusement, le degré inférieur de culture auquel les Indiens de l'Amérique se sont arrêtés.

La domestication des animaux, leur élevage, la formation de grands troupeaux, plus tard de nouvelles découvertes comme celles du fer et de son utilisation pour le travail de la terre, en même temps que le développement de divers métiers, régularisèrent et accrurent la production, comparativement à ce qu'elle était, de telle sorte, que l'homme put produire plus qu'il ne lui fallait. L'esclavage devenait possible au moment où un nombre plus grand de travailleurs était exigé par les conditions sociales réalisées, et, désormais, on fit esclaves les prisonniers de guerre que les Indiens ne surent que tuer ou adopter.

Pendant que se créait la division entre hommes libres et esclaves, les hommes libres eux-mêmes se divisaient en riches et en pauvres.

De propriété commune de la tribu ou de la *gens*, les troupeaux étaient bientôt devenus propriété individuelle des chefs de famille. Cette propriété des troupeaux était une propriété de nature à s'accroître entre les mains de ses détenteurs. L'importance de la propriété particulière et des principaux propriétaires progressa, et le mode de l'appropriation privée finit par s'étendre au sol. L'inégalité des biens, qui fut la conséquence de ces faits, créa le germe d'une aristocratie.

La richesse étant, dès lors, le but à atteindre, la guerre contre les peuplades voisines, uniquement en vue du pillage et du butin, devint un fait permanent. L'autorité des chefs militaires, et spécialement du chef suprême, augmenta; le choix de leurs successeurs parmi leurs proches, fait librement d'abord de préférence, devint une habitude régulière et enfin la règle subie. Il se forma ainsi une catégorie de familles, déjà puissantes par leurs richesses, auxquelles appartinrent les hautes fonctions. D'un côté se trouve alors une minorité de privilégiés héréditaires, de l'autre les non privilégiés et les esclaves; voilà la société divisée en classes antagoniques : une servitude, une subordination existent qui rendent une domination indispensable à l'intérieur de la société, tandis qu'assujettissement et domination étaient inconnus et inutiles dans l'organisation sociale fondée sur la *gens*.

Pour la sécurité d'un ordre social impliquant la division de la population en classes, une force publique, destinée à tenir en respect les non privilégiés, est nécessaire. « Armez un homme, a dit ironiquement Stendhal, et puis continuez à l'opprimer, et vous verrez qu'il sera assez pervers pour tourner, s'il le peut, ses armes contre vous » (1). Les privilégiés se sont tout de suite méfié de cette perversité latente. Aussi, dès qu'une population est scindée en classes, la force armée ne correspond plus à l'ensemble de la population masculine en état de porter les armes, et la force constituée peut être opposée au reste de la population. En outre de la force armée, la force publique, obligatoire pour toute société basée sur la séparation des classes, comprend les divers moyens de coercition, tels que les prisons, etc.,

(1) *De l'amour*, chap. LIV.

impossibles à découvrir dans les sociétés dont la *gens* était le support.

Pour subvenir à l'entretien de cette force publique il fallait des ressources, d'où l'apparition de l'impôt.

On voit comment, à côté de l'influence, tout au moins prédominante, d'une aristocratie dans l'administration générale et la confection des lois, naissent les institutions répressives et fiscales qui, nous l'avons vu, caractérisent l'État.

Ainsi, l'État dont l'absence dans une société, peut se constater tant qu'il n'y a pas de classes dans cette société, se montre plus ou moins développé, dès qu'existent les classes et les antagonismes qu'elles entraînent : produit d'un ordre social déterminé, il durera autant que les circonstances qui l'ont rendu inévitable.

II

Incontestablement la disparition des communautés primitives, des sociétés fondées sur la *gens*, a été un progrès (1), et cependant elles produisaient — je l'ai rappelé à propos des Indiens de l'Amérique — des hommes doués, en général, d'une supériorité morale que n'ont pu atteindre, dans une proportion semblable, les organisations sociales qui les ont suivies. Il y a là, semble-t-il, une contradiction qui, réclamant quelques commentaires, m'amène à dire un mot d'une question que nous a posée devant vous notre éminent ami Jaurès. Entre parenthèses, c'était le soir où il m'a joué le tour de me qualifier d'éminent, ce qui ne m'était encore jamais arrivé, et vous voyez que je m'empresse de lui rendre la pareille avec cet avantage, par exception, sur lui, c'est que, à son adresse, la terrible épithète est justifiée. Je ne

(1) « Le mot progrès a comme le mot regrès un double sens. Il indique d'une part le passage d'une forme sociale simple à une forme sociale plus complexe, et d'un autre côté il implique l'idée de perfectionnement et d'amélioration ». (L. Revelin, *le Devenir social*, juillet 1895, p. 392).

me dissimule pas qu'il n'était pas absolument ur-
gent d'aborder la question ici ; mais j'espère que
vous excuserez cette digression.

A notre avis, y a-t-il progrès, nous a-t-il demandé (1), dans la marche du développement
humain, et, s'il y a progrès, quelle en est la
cause ? Quant à lui, il trouve l'explication demandée dans une prédisposition du cerveau humain à aspirer à la réalisation du droit.

Évidemment il y a eu progrès ; seulement ce
n'est point par aspiration vers la réalisation du
droit que le progrès s'est effectué. Lors même
que l'homme aurait eu, dès le début, un sentiment plus ou moins confus de la justice, ce n'est
pas ce sentiment, ce ne sont pas des manifestations idéalistes de sa conscience, qui ont occa-
sionné le progrès ; et les constatations que m'a
poussé à faire le sujet que je traite aujourd'hui,
en fournissent la preuve.

L'extension de la propriété privée ainsi que la
disparition de la *gens* qui finalement en résulta,
ont été, je l'ai dit, un progrès historique ; mais,
eu égard à la dignité et à la moralité humaines,
l'extension de l'une et la disparition de l'autre,
loin de constituer un progrès, ont abouti à une
déchéance manifeste. Les sentiments les plus mé-

(1) *Idéalisme et matérialisme dans la conception de l'histoire*, conférence de Jean Jaurès et réponse de Paul
Lafargue, brochure publiée par le groupe des étudiants
collectivistes, p. 11-12. Paris, 1895.

prisables se sont alors fait jour ; la rapacité, l'hypocrisie, le mensonge, que détermine l'intérêt personnel surexcité au détriment de la solidarité primitive, ont présidé à la ruine de l'ancienne organisation et à l'apparition des classes.

Dès ce moment jusqu'à cette heure, toute marche en avant dans la conquête de nouvelles forces productives par le génie de l'homme, a été source de malheurs pour la masse exploitée. Ce qui a été un progrès au point de vue de l'évolution de l'intelligence humaine, ce qui en soi devait être un bien, a trop souvent, au point de vue de l'action directe sur les hommes, été en fait un bien pour une minorité seule, et un mal, une cause de souffrances, pour les autres. Cette contradiction, cette création du mal par le bien, qui vient de ce que l'exploitation de la majorité est, depuis qu'il y a des classes, la base de l'ordre social, durera tant que les classes et l'exploitation qu'elles comportent, existeront. Et l'idée dominante, s'il faut en indiquer une, a été, dans la période de civilisation, la recherche de la richesse individuelle plutôt que la tendance à une plus complète justice.

Oui, il y a eu progrès. Sa mesure, c'est le degré de savoir atteint ; sa cause est l'activité cérébrale de l'homme (1) s'exerçant sur les matériaux fournis par le milieu extérieur, et se développant à mesure

(1) Les « rapports sociaux... sont aussi bien produits par les hommes que la toile, le lin, etc. » (Marx, *Misère de la philosophie*, p. 99).

qu'elle s'exerce et que les matériaux à sa disposition sont plus nombreux et plus complexes (1).

On ne saurait faire la part plus belle à l'intelligence humaine, puisque l'homme a été ainsi son
propre créateur ; car, en élaborant à un moment
quelconque les matériaux que le milieu extérieur
lui offre, il ajoute à ces matériaux et prépare de
la sorte au cerveau plus exercé, mieux outillé,
la possibilité d'une élaboration nouvelle et plus
complète (2). Le cerveau a la faculté d'élaborer
les éléments puisés dans le milieu, comme l'appareil digestif a la faculté de digérer ; mais pouvoir
d'élaborer et pouvoir de digérer n'impliquent pas
forcément élaboration et digestion : pour qu'elles
aient lieu, il faut quelque chose d'extérieur à
l'homme, quelque chose de plus ou moins substan-
tiel, mais préalablement réalisé, que l'homme
se borne à assimiler plus ou moins et à transformer.

L'homme étant donné, son action est avant
tout soumise à la manière d'être du milieu extérieur dans lequel il vit. Il peut agir sur ce milieu,
le transformer, en accroître les ressources et agir
par là sur ceux qui, venus après lui, auront pour
milieu déterminant le nouveau milieu qu'il aura

(1) « L'histoire tout entière n'est qu'une transformation continue de la nature humaine ». (Marx, idem, p. 144.)
(2) « Il y a un mouvement continuel d'accroissement
dans les forces productives, de destruction dans les rapports sociaux, de formation dans les idées ». (Idem, p. 100.)

contribué à créer (1). Toutefois, s'il peut ainsi
modifier le milieu par lequel il a été formé, non
seulement il n'a naturellement pas d'action ré-
trospective sur les conditions dont il est lui-
même le produit et ne peut pas faire que les éléments de son milieu aient été autres qu'ils n'ont
été, mais encore, quelle que soit l'intention spéciale qui préside à son action, celle-ci aboutit à
des résultats imprévus. Son point de départ lui
échappe, lui échappe également le point d'arrivée
de ses innovations (2).

(1) « Ce qui est sera toujours déterminé par ce qui fut.
Il ne peut y avoir de société entièrement nouvelle ».
(J. Bourdeau, *Journal des Débats*, éd. rose, 14 juin 1895.)

(2) « Les hommes font leur propre histoire, mais ils ne
la font pas d'après leur libre arbitre, dans des circonstances choisies par eux ; ces circonstances leur sont
données, transmises par le passé. » (*Le Dix-huit brumaire
de Louis Bonaparte*, écrit en 1852, traduction française
d'Ed. Fortin, p. 11 ; imp. Delory, Lille, 1891).

« Dans l'histoire de la société... rien ne se fait sans
dessein conscient, sans but voulu » (p. 14), mais « les
nombreuses volontés individuelles influant sur l'histoire,
produisent, le plus souvent, des résultats autres que
ceux voulus, et, bien des fois, tout à fait opposés à
ceux voulus... Il s'agit de savoir quelles forces motrices se
cachent derrière ces mobiles, quelles sont les causes historiques qui, dans les cerveaux humains, se transforment
en de semblables mobiles » (p. 15). « Tout ce qui meut les
hommes doit passer par leur tête, mais la forme que les
choses y revêtent en y passant, dépend beaucoup des
circonstances » (p. 16). — (*L'Ere nouvelle*, n° de mai
1894, étude déjà citée d'Engels sur « Ludwig Feuerbach »).

Voir, du reste, sur ce point, pour l'explication de ce
qu'on a appelé le fatalisme historique de Marx, ce que
dit Engels dans ce même numéro, p. 14 et suiv.

Ce sont les inventions et non les intentions des hommes qui ont été la cause du progrès (1). Si, en particulier, l'intention d'une plus grande justice, qui n'a pas dû être le mobile de beaucoup de ceux dont le progrès a été l'œuvre, si cette intention était passée dans les faits à mesure qu'augmentait le progrès, ceux dont la situation est telle qu'ils doivent nécessairement bénéficier de

(1) « Darwin a attiré l'attention sur l'histoire de la *technologie naturelle,* c'est-à-dire sur la formation des organes des plantes et des animaux considérés comme moyens de production pour leur vie. L'histoire des organes productifs de l'homme social, base matérielle de toute organisation sociale, ne serait-elle pas digne de semblables recherches ? Et ne serait-il pas plus facile de mener cette entreprise à bonne fin, puisque, comme dit Vico, l'histoire de l'homme se distingue de l'histoire de la nature en ce que nous avons fait celle-là et non celle-ci ? La technologie met à nu le mode d'action de l'homme vis-à-vis de la nature, le procès de production de sa vie matérielle, et, par conséquent, l'origine des rapports sociaux et des idées ou conceptions intellectuelles qui en découlent. L'histoire de la religion elle-même, si l'on fait abstraction de cette base matérielle, manque de critérium. Il est en effet bien plus facile de trouver par l'analyse, le contenu, le noyau terrestre des conceptions nuageuses des religions, que de faire voir par une voie inverse comment les conditions réelles de la vie revêtent peu à peu une forme éthérée. C'est là la seule méthode matérialiste, par conséquent scientifique. Pour ce qui est du matérialisme abstrait des sciences naturelles, qui ne fait aucun cas du développement historique, ses défauts éclatent dans la manière de voir abstraite et idéologique de ses porte-parole, dès qu'ils se hasardent à faire un pas hors de leur spécialité. » (Marx, 1er vol. du *Capital,* édition française, p. 162, note.)

tout accroissement de justice, les exploités, auraient dû voir petit à petit s'abaisser le degré de leur exploitation. Or, c'est le contraire que l'on constate pour chacune des grandes périodes de l'histoire : en ce qui concerne la situation de la masse exploitée, pendant la période du salariat par exemple, les choses, loin d'aller de mieux en mieux sont allées de mal en pis.

Cela ne fera aucun doute pour ceux qui ne se bornent pas à comparer absurdement le genre de vie de l'ouvrier d'aujourd'hui avec le genre de vie de l'ouvrier d'autrefois ; il est ridicule de tirer un argument de la vie ouvrière seule, envisagée à la fois à deux époques, l'une où la non satisfaction de besoins provient de ce que ces besoins sont inconnus, et l'autre où les mêmes besoins sont acquis et ne peuvent être satisfaits. Ce qu'il faut mettre en parallèle pour se rendre un compte exact du changement en bien ou en mal, c'est la position économique respective des capitalistes et des salariés aux différentes époques. En tout cas, ce qui ne saurait être nié par ceux qui ont — et je suis du nombre — le moins de tendance à se faire les apologistes du passé, c'est que le salaire de l'homme suffisait autrefois à l'entretien de toute la famille, et qu'il faut aujourd'hui que s'ajoutent à ce salaire celui de la femme et celui de l'enfant, pour que la famille ne vive pas mieux par rapport, ici et là, aux conditions normales de la vie(1).

(1) Voir ci-dessus, p. 123 et 124.

Le résultat du progrès a été un plus grand savoir et un plus grand pouvoir de l'homme, la
multiplication des forces à son service et la possibilité croissante de mieux vivre et se développer. Possibilité de plus de bien-être, dis-je, mais,
hélas ! réalisation du bien-être possible au profit
seulement d'une minorité, et, pour la majorité,
trop souvent source nouvelle de douleur, tel est
le résultat contradictoire du progrès ; et depuis
le début de la civilisation, alors qu'existent déjà
les classes et avec elles les rudiments de cette
institution nouvelle qui est l'État, jusqu'à ce jour
où les classes persistent encore, le développement humain s'est heurté à cette contradiction.

Il est certain que si on juge ce développement
dans son ensemble, au point de vue de la notion
supérieure de justice que permet, que suggère à
l'heure présente une observation désintéressée
des possibilités matérielles, on doit trouver im-
manquablement que les faits, non plus appréciés
par les résultats qu'ils ont eus au détriment de
certaines catégories de personnes, mais pris en
masse et considérés en eux-mêmes, se rapprochent d'autant plus de cette notion par leur degré
de conformité avec elle, qu'ils s'éloignent moins
par le temps de l'époque où cette notion est à
même de s'imposer, et c'est le contraire qui serait de nature à nous surprendre.

Seulement il est certain aussi que, sous le régime des classes, la civilisation implique fatale-

ment l'exploitation de certaines classes par d'autres et que, dès lors, les progrès accomplis, surtout dans le mode de production, au lieu de profiter tout de suite à tous, ne sont sûrement un bien que pour une minorité et sont souvent un mal immédiat pour beaucoup, pour tous ceux, notamment, dont un progrès technique détruit les anciens moyens d'existence sans compensation. Ceux-ci, les exploités, sous le coup de ce mal nouveau, luttent pour s'en débarrasser ; fréquemment, ne saisissant pas la cause de ce mal trop réel, ils s'en sont pris à la découverte scientifique, à la machine par exemple, — et seraient mal venus à le leur reprocher les gens qui, eux sans excuse, s'en prennent à la science de leurs niaises déconvenues — au lieu de s'en prendre au mode d'appropriation des résultats de la science. Cette lutte plus ou moins bien dirigée, qui n'existerait pas si les choses allaient pour tous de mieux en mieux, justifie le mot de Marx : « C'est le mauvais côté qui produit le mouvement qui fait l'histoire, en constituant la lutte » (1).

(1) *Misère de la philosophie*, p. 114.
« Et en ceci, il y a ce double sens, d'un côté que tout nouveau progrès apparaît nécessairement comme une atteinte portée à une chose sacrée, comme une révolte contre d'antiques conditions qui se meurent, mais que la coutume a consacrées ; de l'autre côté que, depuis l'origine des antagonismes de classes, ce sont précisément les mauvaises passions de l'homme, la cupidité et la soif de la domination, qui deviennent les leviers de l'évolution

Cette lutte est précisément — et je reviens au véritable sujet de cette conférence — le motif de la persistance de l'État.

historique ; de quoi l'histoire de la féodalité et de la bourgeoisie nous fournit un exemple continu. » (Fr. Engels, étude sur « Ludwig Feuerbach », déjà mentionnée, *l'Ère nouvelle*, mai 1894, p. 5).

Dès l'instant qu'il y a dans une société une classe possédante et une classe dépossédée, il existe dans cette société une source constante de collisions auxquelles l'organisation sociale ne résisterait pas longtemps, s'il n'y avait pas un pouvoir chargé de maintenir, suivant le mot consacré, « l'ordre établi », chargé, en d'autres termes, de protéger la situation économique de la partie possédante et, par conséquent, d'assurer la soumission de la partie dépossédée ; **or, tel est,** depuis son origine, le rôle de l'État.

Organe de conservation sorti de luttes ou de menaces de lutte entre intérêts opposés produits par l'antagonisme des conditions matérielles, né — nous l'avons vu — avec la division de la société en classes, l'État a évolué avec cette division, c'est-à-dire, en définitive, avec les rapports économiques que cette division a pour base ; mais, sous des aspects divers, son but est resté le même parce que, depuis l'apparition des classes, il y a toujours eu une situation économique privilégiée à défendre et des conflits à maîtriser Quand on sait que l'État est un instrument de classe, on comprend aisément d'où vient son caractère de permanence relative que constatent les écrivains bourgeois sans l'expliquer.

Ainsi M. Charles Benoist écrit : « Dans la notion de l'État, les modernes ont introduit un élément nouveau : la permanence » (1). Pourquoi les modernes ont-ils « introduit » cet élément nouveau? Dépendait-il d'eux de « l'introduire » ou non ? Ce sont des questions auxquelles chez M. Benoist vous ne trouverez pas de réponse. M. Charles Benoist, je le répète, constate, il n'explique pas. « L'État français, continue-t-il, est le même sous cette troisième République, que sous Napoléon Ier, sous Louis XIV, sous Henri IV, sous Charles V. Le gouvernement change à la vérité, et de forme par les révolutions, et de mains par l'effet seul du temps, mais le gouvernement n'est pas l'État ; ce n'est que l'enveloppe et comme le vêtement de l'État (2)... il change, tandis que l'État ne change point. Un des traits principaux de l'État, la perpétuité, ou du moins la longue durée, le gouvernement ne l'a point (3)... Le gouvernement est ce qui passe, dans l'État qui demeure. Les gouvernements, en effet, sont, comme les heures, comme les temps successifs, comme les phases de l'évolution de l'État (4) ».

(1). *La Politique*, p. 25.
(2) *Idem*, p. 26-27
(3) *Idem*, p. 57.
(4) *Idem*, p. 58.

Ce sont là des affirmations exactes dans le fond, sinon toujours dans la forme ; pourtant, à mon sens, elles ne sont compréhensibles que lorsqu'on connaît ce qu'il y a de permanent dans l'État et la raison d'être de cette permanence, que lorsqu'on sait, autrement dit, que l'État est, sous des formes diverses, un instrument de classe qui a duré et durera en cette qualité tant qu'il y a eu et qu'il y aura des classes.

Cela compris et admis, on se rend parfaitement compte, je ne dis pas et je prie qu'on ne me fasse pas dire, de l'inutilité des changements de forme gouvernementale ou de constitution, mais de la naïveté qu'il y a à attendre de ces changements ce qu'il leur est impossible de donner. Et on peut se faire une idée de la candeur de nos inflexibles radicaux qui attachent tant d'importance aux pures questions de forme et affichent une si grande antipathie intellectuelle pour notre théorie collectiviste, pendant que leur intelligence s'accommode fort bien, en revanche, des simagrées franc-maçonniques et aspire à nous doter d'un État impartial, protecteur au même titre du capital et du travail.

Je vous ai indiqué les origines de l'État et ce qu'il est nécessairement, ce qu'il ne peut pas ne pas être ; j'ai cherché, en un mot, à justifier les termes de la définition donnée dans la première partie de cette conférence. Que j'aie ou non réussi dans ma tâche, vous avez dû au moins

acquérir la conviction que les définitions socialistes ne sont pas arbitraires. Nos adversaires
peuvent très légitimement les discuter et essayer
de prouver que notre terminologie est erronée ;
ce qu'ils ne devraient pas faire, c'est attaquer le
socialisme sans se mettre au courant de la signification que, à tort ou à raison, il donne aux mots
qu'il emploie. En dédaignant cette précaution
élémentaire, ils s'exposent à des confusions bur-
lesques et perdent leur temps à combattre autre
chose que ce que les socialistes défendent,

C'est arrivé pour le capital : afin de se rendre
compte de ce que signifie, d'après nous, la suppression du capital, il faut savoir que le capital
est pour nous un caractère qu'ont revêtu des
moyens de production dans des conditions
sociales déterminées, et qu'ils peuvent perdre
sans être le moins du monde atteints dans leur
existence. De même pour le salariat et le salaire,
ce dernier terme ne pouvant, selon nous, s'appliquer à n'importe quel système de rémunération,
mais seulement à un mode de rémunération
présupposant le surtravail. De même enfin pour
le mot État désignant, à notre avis, un système
d'organisation sociale qui implique essentiellement la division de la société en classes.

Ce n'est pas par caprice — il me semble vous
en avoir fourni la preuve pour l'État — que les
socialistes donnent tel ou tel sens à tel ou tel
mot. Assurément ils peuvent se tromper ; toute

fois on ne peut raisonnablement critiquer leurs théories qu'en attribuant aux mots le sens qu'ils leur attribuent eux-mêmes.

Au fond, je ne serais pas éloigné de penser que l'ignorance de nos définitions est une ignorance voulue : il doit être plus facile de réfuter ce que nous ne disons pas et ce qu'on nous prête, que ce que nous disons et ce qu'on tait. Il est des idées incompatibles avec la tranquille sécurité de la classe possédante, maîtresse de la production et du pouvoir. Parmi ces idées, les idées du surtravail et de l'existence de classes distinctes sont particulièrement antipathiques à ceux qui en bénéficient ; ils sentent que la simple divulgation du secret de leur puissance est un affaiblissement de celle-ci, et, à elle seule, la vérité que comportent nos définitions leur paraît un danger. Aussi, non contents d'écarter cette vérité de leurs propres définitions, ils l'écartent, dans la mesure de leurs moyens, des nôtres ; pour mieux nous confondre, ils changent d'abord notre signification des mots, puis, après les mots, ils travestissent les idées, et ils n'ont point de peine à démontrer l'absurdité de leurs inventions.

Ainsi M. Espinas, chargé de professer à la Sorbonne un cours d'histoire de l'économie sociale, sans profit pour celle-ci, a tenu, dès sa leçon d'ouverture, à prouver que notre socialisme était hostile à toute organisation, État ou autre, et, ses preuves, il les a puisées dans mon

Aperçu sur le socialisme scientifique : c'est curieux comme opération.

Il commence par citer une phrase établissant que le socialisme doit aboutir à la suppression de l'État, et naturellement il ne s'inquiète pas du sens spécial que nous donnons, que j'ai donné à ce mot ; ensuite il ajoute : « Même la commune, même la corporation seront supprimées comme de nouveaux organes d'exploitation et de tyrannie » (1) ; il met une note renvoyant à la page 21 de mon étude et le tour est joué. Il ne lui en faut pas davantage pour se demander si, dans ces conditions, « l'on ne se trouve pas en présence d'une masse amorphe d'individus réfractaires à toute organisation intelligible » (2).

Or, savez-vous à quel propos dans l'ouvrage cité j'ai parlé des communes et des corporations ? Bien que le passage ait une quinzaine de lignes, vous me pardonnerez de le reproduire en entier, afin que vous puissiez apprécier les procédés de polémique auxquels des gens qui s'estiment peut-être honnêtes, n'ont pas honte de recourir. Voici donc, sans le moindre changement, tout le passage sur lequel M. Espinas s'appuie pour soutenir que nous voulons supprimer, avec l'État, toute organisation, « même la commune, même la corporation ».

(1) *Revue internationale de sociologie*, mai 1894, p. 347.
(2) *Idem.*

« Théorie scientifiquement déduite, ai-je écrit, notre collectivisme ou communisme repose sur l'observation, il constate les tendances et conclut à ce que les moyens de production, achevant leur évolution actuelle, soient socialisés. Socialisés, disons-nous, et non pas communalisés comme le voudraient quelques-uns. Car les inconvénients de la propriété individuelle se retrouveraient dans la propriété communale, et aussi dans la propriété corporative, à cause, notamment, des partages inégaux qui en seraient la conséquence, de la productivité différente des moyens de production, etc. Que la lutte s'engage entre communes et communes, corporations et corporations ou patrons et patrons, il y aura inégalité entre travailleurs fournissant une même somme de travail et concurrence ruineuse ; ce serait, sous une autre forme, la continuation de la société présente » (1).

C'est tout, pas un mot de plus sur les communes ou les corporations. Là où je me suis prononcé simplement contre la forme communale ou corporative et pour la forme sociale de la propriété future, M. Espinas a découvert que je combattais l'existence même de la commune et de la corporation ; on avouera que c'est encore plus fort que d'identifier l'État avec tout système d'organisation sociale. Évidemment M. Espinas sait lire,

(1) *Le Capital de Karl Marx, résumé et accompagné d'un Aperçu sur le socialisme scientifique,* p. 21.

évidemment M. Espinas comprend ce qu'il lit,
dès lors, il y a là une façon d'agir qui ressemble
trop à celle de M. Yves Guyot pour être suffisamment loyale.

Nous savons ce qu'est l'État. L'État, pour nous
socialistes, n'est pas n'importe quelle organisation sociale ; il est, ai-je dit, et je crois avoir
ensuite justifié les termes de cette définition, le
pouvoir public de coercition que la division en
classes crée et maintient dans les sociétés
humaines et qui, disposant de la force, fait la loi
et perçoit l'impôt. Quelle doit être à son égard la
conduite des socialistes, telle est la question que
je vais maintenant examiner et qu'il est facile de
résoudre si on se souvient que l'État, créé par la
division de la société en classes, est fatalement
maintenu par cette division.

Dès l'instant que l'État n'est pas un organisme
indépendant, ayant son existence propre quels
que soient les rapports économiques des hommes
entre eux, mais qu'il est essentiellement subor-
donné à la division de la société en classes et,
par suite, à une situation économique déterminée,
on ne peut raisonnablement pas donner comme
but immédiat aux efforts d'un parti quelconque
l'abolition de l'État, ni la suppression du pouvoir
politique qui le constitue. L'État, étant une conséquence, ne peut disparaître avant les conditions
sociales dont il est le résultat forcé.

Puisque la disparition de l'État implique la

modification préalable des conditions sociales, des rapports économiques, doit-on s'en prendre directement à ces rapports ? Revenons-en toujours aux constatations déjà faites : une certaine situation économique a engendré les classes ; dès qu'il y a eu dans la population des catégories privilégiées, il a fallu à celles-ci le moyen de conserver la position acquise, d'imposer à tous le respect de leurs privilèges, et l'État est né. Donc la situation économique à transformer, la situation qui engendre les classes, trouve sa garantie dans l'État ; c'est dire qu'elle ne saurait être entamée, d'une façon générale et durable, tant que l'État la défendra contre les attaques directes dont elle pourrait être l'objet.

En résumé, on ne peut abolir l'État qu'après avoir supprimé les classes, et on ne peut modifier les rapports économiques dont les classes ne sont que la personnification, sans agir d'abord sur l'État. La question posée tout à l'heure est résolue : il faut agir sur l'État et non viser actuellement à l'abolir; agir sur l'État parce que c'est seulement ainsi qu'on pourra mettre la condition des personnes d'accord avec l'évolution économique en cours qui comporte la possibilité de la suppression des classes; ne pas viser actuellement à l'abolir, parce qu'il ne peut être aboli avant la disparition des classes à laquelle il doit même contribuer. La seule ligne de conduite pratique pour les socialistes, pour les travailleurs,

est, suivant l'expression habituelle, la conquête
du pouvoir politique, la conquête de l'État. C'est
la prise de plus en plus complète par eux des
pouvoirs publics, que tous leurs efforts doivent
avoir en vue, c'est à elle que toute leur tactique
doit être consacrée.

La lutte des classes entre elles a un but économique, mais la forme de cette lutte doit être nécessairement politique ; car, entre la position
matérielle à améliorer et l'amélioration réalisée,
se dresse le pouvoir de l'État qui, seul, quelle que
soit la classe qui l'emporte, peut donner un caractère général et souverain aux résultats de la
lutte. L'État fait la loi, et ce n'est qu'en se plaçant
sur le terrain politique qu'on peut arriver à intervenir dans la confection de la loi L'histoire et le
raisonnement sont d'accord pour prouver la
vérité de cette thèse : la lutte des classes inferio-
risées n'est réellement efficace que lorsqu'elle a
pu prendre un caractère politique.

Sans parler du passé, que voyons-nous, en
effet, dans les divers pays qui nous entourent où
cependant existe depuis longtemps, moins restreinte que chez nous souvent, la possibilité de
lutter sur le terrain économique ? Dans les pays
n'ayant pas encore le suffrage universel, on a
lutté ou on lutte pour le posséder; dans les pays
où le suffrage universel fonctionne, si gênant que
soit le système en vigueur, on est bientôt poussé,
par les résultats de succès relatifs, à s'attacher

principalement à jeter de plus en plus des socialistes dans les diverses assemblées électives. Incontestablement, sans être partisan du tout ou rien, on n'obtient pas tout de suite autant qu'on voudrait, mais par quel autre procédé pourrait-on faire mieux? Là où des luttes particulières se sont engagées etne pouvaient pas ne pas s'engager sur le terrain économique, niera-t-on qu'il y a eu des succès dus à l'action des élus socialistes, dus, autrement dit, à l'action politique?

C'est à la continuation de ce mouvement régulier de pénétration des hommes et des idées socialistes dans les corps élus, que les socialistes doivent travailler, ce qui implique une propagande constante dans la masse. Que les circonstances, et point du tout notre volonté, nous imposent ou non plus tard un autre mode d'action, c'est ce dont nous n'avons pas à nous occuper dans le présent. Tant que de telles circonstances ne se sont pas produites, le socialisme n'a rien à gagner à sortir de la légalité et, en aucun cas, il n'a à se manifester sous la forme d'émeutes ou de coups de main. Je me suis expliqué à ce sujet dans une précédente conférence (1): je n'y reviendrai donc pas ici, me bornant à constater que la seule tâche actuelle doit être de grossir les rangs des socialistes électeurs et élus.

Le grand argument contre cette tactique est le

____

(1) *Socialisme, révolution. internationalisme*

reproche de parlementarisme adressé à ses partisans ; comme si on était responsable des côtés fâcheux du parlementarisme, parce que, le parlementarisme existant, on s'en sert ! comme si se conformer à une loi ou subir une institution comportait leur approbation !

La critique, d'ailleurs justifiée, du parlementarisme est facile ; elle ne l'empêche pas de subsister. Qu'on en modifie les rouages si on le peut, autant qu'on le pourra, je n'y vois, pour ma part, aucun inconvénient, au contraire. Cependant si on ne veut pas s'illusionner sur les modifications possibles à l'heure présente, il est à craindre qu'on ne s'aperçoive vite qu'il serait aussi aisé d'effectuer tout de suite le remplacement de la société capitaliste par la société socialiste, que d'obtenir, en régime capitaliste, une transformation sérieuse du parlementarisme. Y a-t-il lieu, dès lors, d'entreprendre des campagnes spéciales pour des améliorations qui, si importantes qu'elles seraient dans un autre milieu, n'en sont pas moins pour l'instant ou irréalisables ou secondaires ?

Poursuivre une réforme profonde du parlementarisme dans un milieu où le parlementarisme est la forme gouvernementale de la société capitaliste, équivaut à poursuivre immédiatement et avant tout l'abolition de l'État, et nous avons vu ce qu'il fallait penser de cette aspiration. Qu'on profite des occasions favorables pour apporter au fonctionnement du système parlementaire toutes les corrections possibles, on aura raison, à la condition qu'on ne se laisse pas par là détourner du but réel à atteindre : la conquête de plus en plus étendue du pouvoir politique pour le mettre au service des revendications économiques des travailleurs

Ceux qui cherchent à éloigner les travailleurs du terrain politique ne se doutent certainement pas qu'ils font ainsi le jeu de la classe dirigeante. Pas de politique, mais cela a toujours été et est encore le mot d'ordre donné par la bourgeoisie à la classe ouvrière : le cens et la gratuité des fonctions n'ont été que des moyens pour écarter l'ouvrier de la politique. Ces moyens sont devenus infructueux. Est-ce que des socialistes seraient jaloux de réussir, pour le plus grand avantage de la bourgeoisie, là où celle-ci, livrée à ses seules ressources, a finalement échoué ?

Il est des questions vitales qui ne permettent pas aujourd'hui aux socialistes de s'en tenir aux discussions académiques ; la nécessité de formuler des conclusions pratiques échappant au doute s'impose à eux, il me faut donc aborder l'examen d'une tactique préconisée en ce moment contre celle dont je viens, je crois, de démontrer le bien fondé.

IV

Pour faire capituler l'État et la société capitaliste, dont il est l'organisme protecteur, des socialistes ont récemment imaginé que la lutte politique était insuffisante et qu'il fallait recourir à
la grève générale. Parlons de la grève générale.

Je commence par déclarer que je ne recher-
chérai nullement s'il doit ou non y avoir des
grèves (1). Ce n'est pas ainsi que la question peut
se poser. La grève est le produit inévitable d'un
milieu économique basé sur l'antagonisme des
intérêts et, alors même qu'il le voudrait, le socialisme ne pourrait pas plus supprimer la grève

(1) « Les conflits qui éclatent entre le travail et le
capital sont la manifestation et la condamnation en
même temps du désordre économique que l'on voudrait
nous faire accepter comme l'ordre par excellence.

« *Le socialisme ne pousse pas aux grèves*, il ne les
provoque pas, parce que, même là où elles viennent à
aboutir, elles laissent subsister pour les travailleurs leur
condition de prolétaires ou de salariés. Mais il en tient
compte comme d'un fait, lequel détermine sa conduite
et ses devoirs. » (Résolutions du XII⁰ Congrès national du
Parti ouvrier français tenu à Nantes du 14 au 16 septembre 1894, p. 16. — Imp. Delory, Lille, 1894).

qu'il ne peut supprimer à cette heure l'État ou la société capitaliste. Seule arme de la classe ouvrière sur le terrain économique, seul moyen de défense ou d'attaque qu'elle ait pour la protection de ses intérêts matériels immédiats, la grève est un droit (1) que les travailleurs ont raison de ne pas vouloir laisser enlever à une ou plusieurs catégories d'entre eux. Mais si les socialistes doivent faire tous leurs efforts pour le maintien de ce droit aux travailleurs, à tous les travailleurs, ils n'ont pas à les exciter à s'en servir ; ils n'ont ni à provoquer la grève, ni à la prohiber ; aux intéressés, à ceux qui auront à subir les conséquences de leur décision, à se prononcer sans pres-

(1) Au mois de février 1894 (voir le *Socialiste* du 14 février), Guesde a déposé à la Chambre une proposition de loi tendant à organiser le droit de grève. Voici quelques passages de l'exposé des motifs :

« Qui dit *grève*, dit *action* ou *inaction collective*. On ne fait pas grève individuellement. Un travailleur qui se refuse au travail n'est pas un gréviste.

« La grève, c'est le refus collectif du travail — qu'il résulte des réclamations des salariés non satisfaites par les salariants ou des exigences des salariants non acceptées par les salariés. Elle est de *droit collectif*. Et c'est parce que ce *droit collectif* a été abandonné à l'*usage individuel* qu'il a entraîné les conséquences pathologiques que tout le monde connaît.

« Pour lui restituer un caractère organique ou normal, il faut qu'il ne puisse plus être exercé que collectivement, qu'il devienne *d'usage exclusivement collectif*.

« Or, les collectivités, toutes les collectivités sont soumises à une règle supérieure, en dehors de laquelle, incapables de sauvegarder les **droits** et les **intérêts de**

sion d'aucune espèce de la part de non interessés. Quand ceux dont les intérêts sont en jeu se sont prononcés pour la grève, on doit les aider à tirer de la situation le meilleur parti possible. Voilà, d'une façon générale, quelle est et quelle doit être la conduite des socialistes en matière de grève.

Ceci posé de manière à prévenir, autant qu'il se peut faire, toute fausse interprétation, j'ajouterai que la grève est une arme dont il ne faudrait, à aucun point de vue, s'exagérer la portée. Dans les circonstances les plus favorables, elle a pu faire capituler quelques patrons, elle n'a jamais

leurs membres, elles disparaissent elles-mêmes : c'est, comme expression de la volonté générale, la majorité faisant loi. Cette loi des majorités régit et domine la collectivité sociale dont elle est — on peut le dire — sous la République, l'unique loi, mère de toutes les autres.

« ..... Nous proposons que lorsque éclate un différend entre les ouvriers ou ouvrières d'une usine, d'une concession minière, d'un chantier, et leurs employeurs, une réunion générale ait lieu de ces *associés de fait* dans le travail et dans la misère — travail commun, misère commune, ne permettant qu'une commune défense ; que le cas leur soit soumis et qu'après délibération, si la grève est déclarée, votée à bulletins secrets, elle devienne, de par la loi des majorités, obligatoire pour tous.

« ...... La marche ou la continuation de la grève, du conflit désormais pacifique, sera réglée, comme sa fin, de la même façon par le même procédé organique : la volonté de la majorité, demandée au scrutin et sauvegardant toujours l'intérêt général, puisque ce sont les intéressés qui auront la parole, qui feront eux-mêmes leurs destinées. »

pu le moins du monde entamer le patronat. Au point de vue particulier, il y a eu des grèves nombreuses, de puissantes caisses de résistance ont pu être constituées et vidées, efforts et argent ont été dépensés sans compter, et quel a été le résultat atteint? Ici ou là ont été obtenues quelques améliorations dont je suis loin de faire fi; mais, là même où ces améliorations n'ont pas été simplement momentanées, elles ont été compatibles avec la prospérité croissante du capital.

La grève n'est plus un moyen sur l'efficacité générale duquel on puisse encore s'illusionner, elle est passée, depuis longtemps de la théorie à la pratique; nous avons vu, aux États-Unis et en Angleterre principalement, des grèves prodigieuses, disposant de ressources énormes, préparées et conduites avec un esprit d'organisation incomparable; à quoi ont-elles abouti ? Aux États-Unis, le socialisme est incontestablement beaucoup plus en retard qu'en Europe; en Angleterre, après avoir érigé la grève en panacée. on en a tellement compris les périls et les mécomptes, qu'au point de vue général de plus en plus on lui devient hostile et on lui préfère l'action politique.

L'expérience est faite : sur le terrain économique, la lutte est trop inégale pour la classe ouvrière ; quels que soient ses sacrifices, son abnégation et son énergie, elle perd plus souvent la bataille qu'elle ne la gagne, et, lorsqu'elle la gagne, les avantages qu'elle en retire n'empêchent pas sa victoire d'être bien coûteuse et bien précaire. Sur le terrain politique, on peut, au contraire, arriver non seulement à l'égalité entre ouvrier et capitaliste, mais, étant donné qu'elle est plus nombreuse, à la prépondérance de la classe ouvrière sur la classe bourgeoise : c'est pour le socialisme, simple affaire de propagande et de temps. Croyez-vous sincèrement que nous ne serions pas plus avancés aujourd'hui, si on avait consacré à la lutte politique la moitié, rien que la moitié, des efforts et de l'argent dépensés pour les grèves qui ont échoué ?

C'est dans ces conditions qu'une fraction socialiste prétend généraliser la grève, bonne tout au plus pour des cas particuliers, et donner la grève générale comme but au prolétariat

Si je me suis bien expliqué, par cela seul qu'elle est une lutte économique, qu'elle détourne plus ou moins, sinon tout à fait, le travailleur de la lutte politique qui est la véritable lutte à engager et à poursuivre, la grève générale devrait être immédiatement repoussée par tous les esprits conscients des faits et de leurs conséquences, par tous ceux qui raisonnent sans parti pris et ne se payent pas de mots.

Du reste, lors même qu'on mettrait de côté cette considération, le système de la grève générale ne supporterait pas l'examen. Nous avons constaté l'impuissance de la grève comme moyen d'affranchissement ; ce n'est pas parce que la grève serait générale, en admettant qu'elle pût l'être, que cette impuissance serait moindre, au contraire.

Les difficultés provenant d'une organisation et de ressources qui, presque jamais, quelles qu'elles aient été, n'ont égalé les besoins, seraient, par l'étendue même de la grève, augmentées dans des proportions considérables. Les dangers provenant d'une exaspération toujours possible et le plus souvent trop explicable, s'accroîtraient à leur tour en même temps que la grève engloberait une masse plus grande. Qui peut répondre que tous les grévistes conserveraient leur sang-froid en face des mesures prises habituellement en pareil cas par tous les gouvernements et qui ne pourraient être ici qu'aggravées : déploiement militaire, provocations policières, arrestations, condamnations, brutalités et iniquités de toute espèce? Qui peut répondre que le coup de pierre ou de bâton lancé par un gréviste dans un accès fort compréhensible de colère, ne serait pas le signal d'un nouveau massacre ouvrier ?

Quand ce ne serait que pour ne pas diminuer la force de mon argumentation, je n'insisterai pas sur cette hypothèse, hélas ! très plausible. Mais, même si on avait la chance d'échapper à ce péril, on n'échapperait pas à l'écrasement du mouvement prolétarien. Les partisans de la grève générale n'ont pas, je suppose, la prétention de réus-

sir sûrement du premier coup ; ils doivent nécessairement, si confiants qu'ils soient dans le succès
final, envisager eux-mêmes l'éventualité d'un
échec : sur tous les terrains, qui dit lutte, dit
possibilité de défaite. Seulement, tandis que, sur
le terrain politique, un échec, loin d'abattre les
courages, tend plutôt à les aiguillonner, une défaite sur le terrain économique est désastreuse :
les faits sont là qui prouvent qu'une grève
vaincue a abouti, en divers endroits, à une diminution du nombre des militants.

C'est que, dans l'échec politique, l'amour-
propre s'en mêle ; on est vexé, je ne dirai pas
d'être battu, car il peut arriver en cette matière
qu'on soit très sincèrement battu et content, mais
de l'insuffisance du résultat acquis ; on veut une
revanche et on la prépare avec entrain. Dans
l'échec économique, dans l'échec de la grève, on est
en butte à des souffrances réelles ; aux souffrances
matérielles s'ajoute pour le gréviste vaincu la
souffrance morale de voir souffrir les siens en
pure perte ; découragé, désolé, il se promet de ne
pas recommencer pour ne plus assister à un tel
spectacle, et il se retire du mouvement. Ce cas se
répéterait d'autant plus après un échec de grève
générale, que la tentative aurait fait naître plus
d'espoir ; ce serait pour le parti socialiste un
coup terrible de nature à retarder beaucoup sa
marche en avant.

Je n'ai pas voulu être accusé d'esquiver le dé-

bat ; aussi ai-je jusqu'ici envisagé la grève générale comme praticable : vous voyez que, si elle
était possible, elle ferait courir des risques énormes sans compensation. Mais, en fait, quand
même la grève générale aurait toutes les qualités,
elle aurait un immense défaut, son impossibilité.
Ceux qui présentent la grève générale au prolétariat comme l'outil de son émancipation, feraient
bien de remplacer une partie des déclamations
dont ils agrémentent la « bataille des bras croi-
sés », par quelques renseignements précis sur le
moyen d'effectuer cette grève. Une tactique est
faite pour être appliquée ; dès lors, comment en-
tendent-ils passer de l'exposé des conséquences
mirifiques selon eux de la grève générale, à son
application ?

Sous couleur de propagande en faveur de la
grève générale, ils ne visent peut-être qu'à une
grève qui ne serait pas générale ; je suppose du
moins, ou les mots n'auraient plus de sens, qu'ils
visent à une grève et à une grève de proportions
plus étendues que les grèves habituelles. Or, se
sont-ils demandé quelles étaient les forces sur
lesquelles ils pouvaient tabler ? Je leur fais la
partie belle : qu'ils prennent les corporations les
mieux organisées, qu'ils rapprochent le chiffre
des syndiqués de celui des non syndiqués, et
qu'ils disent sur combien ils pourraient sérieusement compter. Il ne s'agit pas de choisir les plus
importantes au point de vue de la vie sociale et

de dire : Si telles ou telles corporations cessaient
le travail... Avec un si et une queue de vache,
suivant une locution de mon pays natal, on peut
faire tout ce qu'on veut. Il s'agit de voir celles
sur lesquelles on pourrait compter légitimement.
Eh bien! j'attends le compte avec pièces justifi-
catives.

Je sais bien qu'à cela il est répondu qu'on se
propose auparavant de développer l'organisation
corporative. Oh! là-dessus, nous sommes tous
d'accord. Les socialistes ne sauraient trop pousser les travailleurs à se grouper, à se syndiquer,
à se solidariser avec ceux d'entre eux dont la liberté syndicale serait atteinte ou simplement menacée. L'organisation ouvrière n'est pas l'émancipation ouvrière ; mais elle rend plus forts pour
la lutte ceux qui sont et seront, bon gré mal gré,
associés ou isolés, contraints à lutter contre le
capital dont ils dépendent. L'important est de
substituer à l'éparpillement, nuisible à tous, la
concentration des efforts décuplant les forces au
profit de tous et, à cet égard, le syndicat est la
forme la plus aisée, la forme première de groupement.

Le syndicat corporatif est quelque chose, il
peut être beaucoup, il n'est pas et ne pourra jamais être tout. Préoccupé de resultats immédiats,
il est plus que tout autre mode d'organisation,
capable d'attirer la masse ouvrière, pourvu qu'il
n'entrave pas lui-même son recrutement par des

conditions restrictives en contradiction avec sa raison d'être (1).

Si donc les partisans de la grève générale veulent sérieusement développer le mouvement syndical, ils devront éviter de mêler l'idée de grève générale à la propagande pour l'extension de ce mouvement. La grève générale, il est facile de le constater, est un élément non d'union, mais de désunion ; l'élever au rang de principe inspirateur et directeur des syndicats, c'est volontairement couper la classe ouvrière en deux fractions : les grévistes d'intention et les non grévistes qui, soit qu'ils adhèrent à des groupements adverses, soit, et ce sera surtout le cas, que ces divisions les tiennent à l'écart de tout groupement, reste-

---

(1) Je mentionnerai ici la résolution votée par le XIIIe congrès national du Parti ouvrier français, tenu à Romilly, les 8, 9 et 10 septembre 1895, (voir le *Socialiste* du 22 septembre) :

« Le Congrès se prononce en faveur d'une loi rendant obligatoires pour tous les ouvriers d'un même métier, syndiqués ou non syndiqués, les décisions du syndicat en matière de tarifs ou de salaires et en général pour toutes les conditions du travail. »

Bien entendu, par le fait seul d'appartenir à tel ou tel métier, on aurait droit d'appartenir à tel ou tel syndicat et de participer à ses décisions. On serait libre de ne pas être du syndicat, comme on a le droit de ne pas voter ; mais le non syndiqué subirait les décisions prises par la majorité des membres du syndicat ouvert à tous, comme les abstentionnistes subissent les lois faites par les députés et sénateurs à l'élection desquels ils se refusent à prendre part.

ront, quoi qu'on fasse, de beaucoup les plus nombreux. Ce qui, en admettant la grève générale possible, sans inconvénients et efficace, serait simplement la préparation de l'échec de la grève générale par ses propres partisans, le fait que les grévistes seraient en minorité suffisant d'avance à annihiler une tentative de grève. En tout cas, si on veut, et on a raison de vouloir développer l'organisation corporative, il ne faut pas présenter, comme motif d'adhésion à la masse éparpillée, ce qui ne peut manquer d'être pour elle le plus puissant motif de ne pas adhérer.

Mais le fait seul que les partisans de la grève générale reconnaissent la nécessité, avant de passer de la théorie à la pratique, d'une période de préparation qui ne peut pas ne pas être longue, le fait que, de leur propre aveu, ils doivent d'abord s'attacher à réaliser une organisation corporative sérieuse, démontre le peu de solidité de leur argumentation, lorsque, en désespoir de cause, ils allèguent la prétendue rapidité de leur tactique et la lenteur de la conquête des pouvoirs publics. Il est entendu que, quelles que soient les impatiences et si légitimes qu'elles soient, il faut de toute manière une période de propagande et d'organisation ; cependant comme les grévistes généraux pourraient affirmer, sans preuve d'ailleurs, que la réussite est, par la conquête du pouvoir politique, à plus longue échéance que par le procédé de la grève générale, je ne leur laisserai pas cette ressource. Tandis que, en effet, pour la prise certaine de l'État il suffit de rallier à soi la moitié plus un des votants, il faudrait, pour le triomphe assuré de la grève générale, la presque unanimité dans les corporations.

Quels que soient les événements en face desquels on peut se trouver, il n'y a pas de circonstances qui puissent autoriser à exciter à une lutte quelconque sans chances de succès ; car se sacrifier personnellement ne saurait atténuer la faute d'avoir, en poussant les autres à un mouvement, de quelque nature qu'il soit, voué à une défaite inévitable, nui à l'idée qu'on avait l'intention de défendre. Tout dépend donc de l'existence ou de l'absence de ces chances : si les chances de succès existent, la propagande et l'organisation indispensables pour toute lutte ayant préalablement abouti d'une façon satisfaisante, on n'aura nul besoin de recourir à la grève générale ; si ces chances n'existent pas, ce n'est pas la grève générale qui pourra les fournir et on fera bien en pareil cas, si regrettable que la chose puisse être et tout héros qu'on soit, de ne recourir ni à elle, ni à d'autres procédés de lutte.

En définitive, la grève générale n'a pour elle, et encore seulement en apparence, qu'un souhait et un précédent. Comme ce serait beau tout de même pour le prolétariat, s'écrie-t-on, d'obliger, en se croisant les bras, la bourgeoisie et l'État à capituler! N'oublions pas que, en temps de grève

générale, la nécessité de vivre bien ou mal s imposerait aux prolétaires ainsi qu'aux bourgeois,
et constatons qu'il serait beau aussi d'avoir des
relations avec les habitants possibles d'une autre
planète ou de réaliser telle ou telle immense
découverte. Il n'y a pas à discuter, en matière de
tactique, si une idée est plus ou moins sédui-
sante, mais si elle est plus ou moins pratique , le
reste, si beau qu'il apparaisse, est du domaine
des songe-creux.

Je n'insiste donc pas sur le souhait et j'arrive
au précédent. Le précédent, c'est ce qui s'est
passé en Belgique en avril 1893 ; examinons
l'exemple de la Belgique et examinons-le en
entier. Le parti socialiste belge poursuivant le
seul but à poursuivre, selon nous, la conquête
du pouvoir politique, et agissant dans un pays
qui n'avait pas encore le suffrage universel, faisait campagne pour l'universalisation du droit
de vote. Il voulait le bulletin de vote et, afin
de l'obtenir, il eut recours à ses seules armes
d'alors : les manifestations publiques et la grève.

Malgré les côtés défectueux de la grève il a,
à défaut d'autre, employé l'arme dont il pouvait
disposer, pour en conquérir une meilleure. Et
cette arme à laquelle il a eu recours parce que
c'était la seule qu'il eût en main, cette arme à
laquelle il n'a plus voulu recourir depuis, et
avec raison, est encore moins défectueuse chez
lui que chez nous : la classe ouvrière est en Bel-

gique plus agglomérée qu'en France en quelques grandes catégories industrielles, l'organisation est moins divisée et plus complète, les ressources fournies par les grandes coopératives beaucoup plus considérables ; ce qui n'a pas empêché nos amis belges de n'aboutir qu'à un succès partiel et d'avoir la sagesse de ne pas pousser l'expérience jusqu'au bout.

Depuis, au début même de ce mois (1) notamment, ils n'ont pas voulu recommencer et je les en félicite. Par leur refus de déchaîner cette grève générale dont, mieux que personne, ils ont pu apprécier les avantages et les inconvénients, ils se sont exposés à des accusations imbéciles de trahison ; ils n'ont cependant pas hésité à accomplir ce qui était leur devoir. Quant au gouvernement belge, en faisant tirer par ses gendarmes sur les grévistes de Renaix, il a montré que les craintes que j'ai exprimées tout à l'heure et sur lesquelles je n'ai pas insisté, étaient fondées.

Voilà le précédent complet ; il serait difficile, il me semble, de trouver là un argument en faveur de la grève générale. Ce que cela nous montre, c'est le danger de certaines prédications.

A force d'entendre vanter et invoquer la grève générale, certains la jugent facile à déterminer ; il leur paraît qu'il suffit de la vouloir et devien-

(1) Avril 1895.

nént, à leurs yeux, coupables de la leur faire
attendre ceux qui ne partagent pas leurs illusions. La manière de vivre — de mal vivre —
explique et excuse cette manière de penser ; le
tort revient à ceux qui inconsidérément la provoquent et courent le risque d'en être les premières
victimes: en effet, tandis qu'ils écartent de l'organisation ouvrière les timides ou simplement les
clairvoyants, ils ne seront jamais assez empressés
de passer de la parole aux actes, au gré des témé-
raires qu'ils auront malheureusement convaincus
des chimériques beautés de la grève générale, et
ils ne tarderont guère à se trouver en butte aux
mêmes accusations, sinon à des accusations pires,
que celles qu'ils auront inspirées contre les adversaires de la grève. Telle est la véritable leçon
que renferment les derniers incidents de Belgique et dont on fera bien de profiter.

V

Je crois avoir montré l'impuissance de la grève en général et de la grève générale en particulier, à se substituer à l'action politique pour l'émancipation du prolétariat. Considérant, dès lors, comme acquis que ce qui s'impose avant tout aux efforts de celui-ci, c'est la conquête des pouvoirs publics, voyons quelle doit être l'attitude des socialistes dans les diverses assemblées.

Il leur faut toujours prendre la défense des déshérités de notre milieu social, non seulement s'associer en tous ordres à toutes les améliorations, mais provoquer et réaliser dès qu'ils le peuvent, en s'adaptant aux circonstances, tout ce qui est de nature à apporter à la classe ouvrière, aux salariés, à tous les exploités du régime capitaliste, un soulagement immédiat en restreignant leur exploitation. Nous n'avons jamais été de ceux qui disent : tout ou rien, et encore moins : de mal en pis ; nous accepterons toujours tout ce qui nous mènera de mal en mieux, nous bornant à demander que l'on ne s'arrête pas en route et que l'on continue à aller de mieux en mieux vers le bien-être de tous, conformément aux conditions économiques qui le rendent enfin possible. Faire à un moment quelconque en ce sens tout ce qui est faisable, sans jamais perdre notre but de vue, voilà quelle doit être la règle de conduite des élus socialistes.

Doivent-ils en sus de cette tendance générale avoir, ainsi que quelques-uns le soutiennent, comme tendance particulière, de marcher de parti pris vers l'absorption par l'État actuel de diverses branches d'industrie ? A mon avis, la question ne peut pas se poser d'une façon aussi absolue et on ne saurait avoir, sur les avantages de l'accroissement des services publics dans le milieu capitaliste, qu'une opinion de circonstance.

Oui, la transformation de telles ou telles branches industrielles en services publics dépendant directement de l'État, peut être une bonne chose dans un cas et une mauvaise dans un autre; tout dépend, en effet, chez nous, des dispositions de la majorité qui fait la loi. Un service public de plus étant pour l'État une force de plus, il faut fortifier les positions qui sont plus ou moins entre nos mains et non celles qui sont entre les mains de nos ennemis. Pénétrons d'abord dans la place, nous la fortifierons ensuite. Vous le voyez, nous retrouvons partout la même nécessité : la première chose à faire est de pénétrer de plus en plus nombreux dans les assemblées électives ; car ce que j'ai dit pour l'État s'applique également, bien qu'à un degré moindre, parce que non seulement la sphère d'action mais surtout le pouvoir est moindre, et c'est ce qui fait l'importance toute spéciale des élections législatives, — aux départements et aux municipalités.

Que le socialisme réussisse, soit à étendre les services publics lorsqu'il aura avantage à le faire, soit à arracher diverses réformes sociales, cela ne constitue point le socialisme d'État (1), c'est simplement une infiltration plus ou moins profonde du socialisme dans l'État. Ce n'est pas, en effet, avec l'État entièrement entre les mains de leurs ennemis que les socialistes, eux, comptent accomplir des réformes sérieuses, c'est avec l'État sur lequel ils auront déjà plus ou moins mis la main. Le socialisme tout court tend à placer les moyens sociaux de production sous la dépendance de la société qui n'est pas plus un organisme séparé des individus, que les individus ne sont concevables en dehors d'elle, et dont l'ac-

(1) « Le socialisme d'Etat ne peut se développer que dans les pays où les contradictions produites par le capitalisme ont produit des résultats jugés déplorables par la majorité des gens éclairés ; on essaie alors *quelque chose* et ce quelque chose est ce qu'il y a de plus simple, une imitation plus ou moins adroite des rapports de production créés par le capitalisme, et un ensemble de règles que l'on suppose capables de faire disparaître les abus. » (G. Sorel. — *Le Devenir social*, novembre 1895, p. 752.)

tion étendue, voulue complète, est la condition
même d'une plus grande, d'une réelle liberté de
tous les individus ; l'étatisme tend à tout remettre
à l'État qui est, lui, un corps en dehors des individus et au-dessus d'eux. La distinction n'a pas,
il faut le reconnaître, grand intérêt pratique en
France à cette heure, parce que nous avons le
suffrage universel et la République et que, par
suite, l'État n'est indépendant de la masse de la
nation qu'à cause de l'ignorance de cette masse.
Cette ignorance dissipée, et c'est à cela que tend
la propagande socialiste, la masse de la nation
aura une action sur l'État, ce qui signifie qu'elle
aura une action au moyen de l'État, et c'est pour
cela qu'elle doit le conquérir : il suffit qu'elle le
sache pour qu'elle puisse le faire.

Il n'en est pas ainsi partout, parce que partout
l'évolution politique n'est pas aussi avancée qu'en
France. Là où il n'en est pas de même, par
exemple en Allemagne, où l'État est indépendant
de la nation et où le socialisme est puissant, s'est
développée une certaine doctrine sous le nom de
socialisme d'État et, là, la distinction qui n'a pas
grand intérêt chez nous est très importante, d'autant plus importante que le socialisme d'État a
été imaginé précisément pour donner à l'État un
moyen de combattre le socialisme tout court qui
est le socialisme entier, et d'arrêter son expan-
sion.

Cette « digue » est restée assez inefficace, d'ailleurs, d'après M. Léon Say qui, faisant, comme tous ceux au courant des choses, la distinction que je viens de faire, disait dans un discours à Amiens : « Le socialisme d'État du prince de Bismarck et des professeurs allemands appelés communément les économistes de la chaire, n'a pas affaibli la force du courant socialiste ; il l'a rendu au contraire plus formidable, et la digue bureaucratique qu'on a voulu y opposer, pourrait bien être emportée un beau jour malgré le soin qu'on a mis à l'édifier et les précautions scientifiques qu'on a prises en l'édifiant » (1). Donc, ne confondons pas le socialisme d'État et la pénétration du socialisme dans l'État, et visons à accroître le plus possible cette pénétration jusqu'à ce que le socialisme soit maître de l'État. Ce jour-là sera, non le dernier jour de l'État, mais le premier de sa dernière phase d'évolution.

La disparition de l'État, ai-je dit, implique la disparition des classes, c'est-à-dire la modification préalable des conditions sociales ; cette modification doit être l'œuvre de la loi, et c'est cette besogne législative que l'État socialiste aura à accomplir. Entre le moment où la majorité consciente du prolétariat, le parti socialiste, prendra possession de l'État pour réaliser son programme, la suppression des classes, et le moment où cette suppression sera accomplie, il y aura une période

(1) *Journal des Débats*, édition blanche, 11 novembre 1894.

intermédiaire qui sera la phase socialiste de l'État. Pendant cette période, l'État sera toujours un gouvernement de classe, mais le gouvernement de la classe par laquelle les classes, désormais inutiles et nuisibles, seront supprimées.

Aux mains du parti socialiste ou du prolétariat organisé, ce qui est tout un, l'État aura à régler la situation des personnes et des biens sur la base de la socialisation de la propriété capitaliste (1), et il réglera cette situation au moyen de la loi. Il agira comme a agi l'État au siècle dernier relativement aux biens de la noblesse et du clergé, comme agit l'État actuel. Ce qu'une loi a fait, une

(1) Tandis que le socialisme combat le capital sans se préoccuper de la nationalité ou de la religion, ou même de l'absence de religion et souvent de nationalité, de ses détenteurs, l'antisémitisme, lui, qui nous vient des réactionnaires d'Allemagne comme le socialisme d'État dont je parlais tout à l'heure, ne mérite même pas la qualification de « socialisme des imbéciles » qui lui a été donnée. Il ne combat pas le moins du monde, en effet, le capital, il ne combat que certains capitalistes au profit de certains autres, sans bénéfice possible pour la masse exploitée.

Aux gages de la richesse catholique, parce qu'il est incapable de comprendre qu'on défende une idée par simple conviction, et, ayant, suivant les expressions de Louis Veuillot, « fort grand appétit » sans avoir « une âme de héros », il s'en prend aux juifs ; encore sait-il, si peu qu'il y ait intérêt, ménager parfois ceux-ci, ainsi que c'est arrivé, par exemple, pour le baron juif allemand Jacques de Reinach. Les seuls qu'il lui soit interdit de ménager, ce sont les socialistes, seuls véritablement dangereux pour l'exploitation dont il vit avec ses maîtres.

Que les capitalistes soient juifs, catholiques, protes-

loi peut le défaire sans recours possible contre elle, c'est une tradition de la Révolution, c'est ce qu'a reconnu un des organes de l'État actuel, le Conseil d'État, dans un arrêt du 7 décembre 1894.

Une loi de 1892 ayant modifié le mode de paye-ment, établi par contrat formel, de la dette de l'État envers la Société générale algérienne, celle-ci, ne doutant de rien, appela le Conseil d'État à son secours avec la prétention de lui faire annuler l'effet de cette loi. Or, dans son arrêt, le Conseil d'État plutôt favorable, vous le savez, aux grandes compagnies modernes, a dé-

tants ou francs-maçons, peu importe au socialisme ; ils ont tous au moins un Dieu qui est le capital et c'est celui-ci que le socialisme veut détrôner dans les condi-tions indiquées précédemment, sans plus favoriser les juifs que les autres. L'antisémitisme, au contraire, a le profond respect de ce capital qui est la source de toute exploitation, il veut seulement l'extraire de la poche des juifs afin de le faire passer, avec toutes ses conséquences meurtrières pour la masse et avantageuses pour ses détenteurs et leur domesticité, dans la poche de quel-ques-uns qui ne le sont pas.

L'antisémitisme n'est qu'une manœuvre imaginée par les souteneurs du régime actuel : le juif sert de para-tonnerre ; on s'évertue, pour sauver et accroître le capi-tal, à détourner sur les juifs seuls les colères qui doivent viser le capital lui-même, quelle que soit la race ou la religion de ses possesseurs.

Et si le socialisme est « allemand », qu'est donc l'anti-sémitisme qui a été soudoyé par Bismarck et qui, en France, cherche à acclimater la campagne de diversion du prédicateur à la cour de Prusse, Stœcker et prêcha l'imitation des Viennois ?

claré qu'une « disposition législative ne peut être discutée par la voie contentieuse »; ce n'est pas autre chose que la reconnaissance de la souveraineté de la loi dans un cas typique. Ce qui était bon hier, sera excellent demain : la loi décidera et il faudra se soumettre (1).

La socialisation de la propriété capitaliste opérée et opérée légalement, il n'y aura plus subordination économique des uns aux autres, il n'y aura plus de classes, et l'État, dont l'existence des classes a fait une nécessité, pourra enfin être supprimé ou, plutôt, disparaîtra de lui-même quand il aura accompli sa tâche de transformation.

Cela ne veut pas dire que la société socialiste n'aura pas d'organisation. Seulement l'organisation sociale future, alors qu'il n'y aura plus de classes antagoniques, plus de contrainte à exercer sur les uns au profit des autres, ne sera pas plus un État que ne seront capital les moyens de production qui auront perdu le pouvoir d'exploiter le travail d'autrui, que ne sera ce qui s'appelle salaire une rémunération ne comportant plus surtravail par suite de la suppression du caractère de capital imprimé aujourd'hui sur les principaux moyens de production.

(1) « Ce serait une situation purement anarchique que celle où les citoyens refuseraient l'impôt parce qu'ils le trouveraient exagéré ou injustement établi, et tiendraient la loi pour non avenue parce qu'elle ne leur semblerait pas équitable. » (*Journal des Débats*, éd. blanche, 7 mai 1895, article de tête.)

12.

Je n'ai pas à parler de l'organisation future et je me borne à indiquer son orientation régulière. Dans la période qui succédera à la période de transition où la transformation s'opérera en s'adaptant aux faits, où il y aura encore un État, mais où cet État sera socialiste, la direction politique des hommes qui constitue l'État, sera devenue une direction administrative des choses : en place d'un gouvernement, on n'aura plus qu'une administration.

Libres et égaux, les producteurs détermineront en commun tout ce qui concerne la production et, dès lors, au lieu d'être les jouets de forces économiques échappant à leur contrôle, ils régiront ces forces à leur gré. Loin d'être contraints de subir une organisation sociale qui règle leurs conditions d'existence sans participation de leur volonté, comme c'est le cas actuel, ils auront, pour la première fois, l'organisation sociale que, en connaissance de cause, ils voudront avoir. Les hommes seront enfin leurs maîtres. Au développement inconscient de l'humanité, au progrès source fréquente de souffrances, succéderont un développement conscient et un progrès source unique de bien-être pour tous, ne voyant plus alors la réalisation de l'idée qui lui aura donné naissance, poussée par les institutions sociales à d'autres effets que les effets prévus à juste titre et voulus. L'universalisation du bien-être matériel et la compréhension de la solidarité sociale qui résultera pour tous les individus des fondements sociaux de ce bien-être, seront le point de départ d'un intense développement intellectuel et moral ayant, sous forme individuelle de même que sous forme collective, pour mobile et pour but, le bien, le plus grand bien de tous, et, pour conséquence naturelle, l'épanouissement le plus complet et la satisfaction la plus librement personnelle de chacun.

.˙.

Pour terminer, je vais résumer cette conférence et les résultats auxquels je crois être correctement arrivé.

Ayant défini l'État en lui attribuant un commencement et une fin, j'ai recherché les commencements de l'État ; je vous en ai indiqué les origines et ai constaté que l'établissement de l'État avait été un progrès.

A ce propos, pour éviter toute erreur et répondre en même temps à une question posée ici même, je vous ai exposé ce que pour nous était le progrès, quels en étaient les éléments et les suites.

Lié, ai-je cherché à établir, à la division de la société en classes, l'État est un mode d'organisation sociale qui ne peut que persister tant que durera cette division, et le but vers lequel doivent tendre tous les efforts socialistes, c'est la conquête de l'État, l'entrée en possession des pouvoirs publics

Discutant les objections faites à cette thèse, j'ai été amené à m'expliquer sur la grève générale et à la rejeter.

Donc, pénétration de plus en plus profonde des hommes et des idées socialistes dans l'État jusqu'à ce que, aux mains du parti socialiste ou prolétariat conscient et organisé, l'État, avec les pouvoirs qu'il comporte, et notamment celui de faire la loi, devienne l'instrument qu'il doit être de la transformation économique à accomplir. Cette transformation achevée, il n'y aura plus, au lieu de personnes à contraindre, que des choses à administrer, et, ce jour-là, il y aura toujours une organisation sociale, mais il n'y aura plus d'État.

LE SALAIRE

ET

LA RÉMUNÉRATION FUTURE (1)

Dans ma conférence du 26 avril dernier sur « l'État et le socialisme », j'ai été amené à signaler l'ignorance ou la méconnaissance volontaire, par les adversaires de la théorie socialiste, du sens que nous donnons à certains mots. Ayant, à ce propos, cité incidemment le mot salaire, j'ai constaté que, selon nous, ce mot ne pouvait s'appliquer à n'importe quel système de rémunération, mais seulement à un mode de rémunération présupposant le surtravail. Donc, ai-je dit, dans l'organisation sociale future, ne sera pas ce qui s'appelle salaire, une rémunération ne comportant plus surtravail par suite de la suppression du caractère de capital imprimé à cette heure sur la plupart des moyens de production.

Une observation m'a été faite là-dessus ; on m'a objecté que le surtravail ne pouvait pas dis-

---

paraître, car il faudra toujours un fonds de réserve : or, la partie consacrée aujourd'hui à ce fonds vient du surtravail ; dès lors, à cet égard, celui-ci est inévitable. A mon sens, ce n'est pas de cette façon qu'on doit raisonner ; peut-être y a-t-il quelque utilité à indiquer pourquoi, et à préciser le caractère de la rémunération future.

Marx a démontré que « partout où une partie de la société possède le monopole des moyens de production, le travailleur, libre ou non, est forcé d'ajouter au temps de travail nécessaire à son propre entretien, un surplus destiné à produire la subsistance du possesseur des moyens de production ». Pendant une partie de sa journée de travail, le travailleur ne fait que reproduire l'équivalent de ce qu'il reçoit pour son entretien. Aussi, se plaçant au point de vue de la société actuelle, Marx a écrit : « Je nomme *temps de travail nécessaire,* la partie de la journée où cette reproduction s'accomplit, et *travail nécessaire,* le travail dépensé pendant ce temps : nécessaire pour le travailleur, parce qu'il est indépendant de la forme sociale de son travail ; nécessaire pour le capital et le monde capitaliste, parce que ce monde a pour base l'existence du travailleur. La période d'activité, qui dépasse les bornes du travail nécessaire, coûte, il est vrai, du travail à l'ouvrier, une dépense de force, mais ne forme aucune valeur pour lui. Elle forme une plus-value qui a pour le capitaliste tous les charmes d'une création ex nihilo. Je nomme cette partie de la journée de travail *temps extra,* et le travail dépensé en elle, *surtravail.* » (1)

On voit ce qu'est le surtravail. Il n'est point la formule théorique d'un rapport social qui a toujours existé et qui existera toujours. Ainsi que l'a écrit Marx, « la nature ne produit pas d'un côté des possesseurs d'argent ou de marchandises et de l'autre des possesseurs de leurs propres forces de travail purement et simplement. Un tel rapport n'a aucun fondement naturel, et ce n'est pas non plus un rapport social commun à toutes les périodes de l'histoire » (2).

De même que toutes les catégories économiques, le surtravail a un cachet historique et est, en conséquence, un phénomène transitoire. Il correspond à une situation déterminée, et ne doit pas être invoqué pour un milieu dont les conditions économiques seront différentes de celles qui lui ont donné naissance. Parce qu'une expression a un sens pour certaines époques, il ne faut pas vouloir qu'elle corresponde à quelque chose de réel dans toutes : si les catégories économiques doivent représenter des rapports réels, la réalité n'a pas à s'incarner dans les catégories dont la raison d'être historique a disparu.

(1) Premier volume du *Capital,* édition française, p. 9 3.
(2) *Idem,* p. 72.

Voilà pourquoi il ne saurait être question de surtravail, dans le seul sens que ce mot ait reçu, et qu'il comporte légitimement, lorsque la force de travail ne sera plus une marchandise dont le salaire est le prix, marchandise que son possesseur, dépourvu des moyens matériels de la mettre en œuvre, est obligé de vendre, et qui n'est vendable « qu'autant qu'elle conserve les moyens de production comme capital, qu'elle reproduit son propre équivalent comme capital, et qu'elle crée au capitaliste, par-dessus le marché, et un fonds de consommation et un surplus de capital » (1).

Oui, dans l'état actuel, le fonds de réserve est fourni par le surtravail, oui, il faudra toujours un fonds de réserve.

Est-ce à dire que, en omettant même les considérations générales contraires exposées tout à l'heure, il soit possible de tirer de là une preuve de la persistance du surtravail? Produire est une chose, et la manière de produire est une autre chose. Parce qu'il a fallu et qu'il faudra toujours produire, cela ne signifie pas qu'on a toujours produit et qu'on produira toujours de la même manière; la persistance d'un fonds de réserve n'implique pas plus la persistance de la forme actuelle de réalisation de ce fonds, que la persistance de la production n'implique la persistance de la manière de produire.

(1) Marx, *idem*, p. 272.

« Quelle que soit la forme sociale que le procès
de production revête, a écrit Marx, il doit être
continu ou, ce qui revient au même, repasser périodiquement par les mêmes phases. Une société
ne peut cesser de produire, non plus que de consommer. Considéré, non sous son aspect isolé,
mais dans le cours de sa rénovation incessante,
tout procès de production sociale est donc en
même temps procès de reproduction. Les conditions de la production sont aussi celles de la reproduction. Une société ne peut reproduire, c'est-
à-dire produire d'une manière continue, sans
retransformer continuellement une partie de ses
produits en moyens de production, en éléments
de nouveaux produits (1)..... Dans les sociétés les
plus différentes au point de vue économique, on
trouve non seulement la reproduction simple,
mais encore, à des degrés très divers, il est vrai,
la reproduction sur une échelle progressive. A
mesure que l'on produit et consomme davantage,
on est forcé de reconvertir plus de produits en
nouveaux moyens de production. Mais ce procès
ne se présente ni comme accumulation de capital,
ni comme fonction du capitaliste, tant que les
moyens de production du travailleur, et par conséquent son produit et ses subsistances, ne por-
tent pas encore l'empreinte sociale qui les
transforme en capital » (2).

(1) *Idem*, p. 247.
(2) *Idem*, p. 262.

C'est en ces termes que Marx parle de la reproduction et de l'accumulation ; celles-ci, étant en période capitaliste, et seulement alors, sous la coupe du capital, il est tout naturel qu'elles aient le surtravail à leur base. Car, là où règne le capital, en dehors des frais d'entretien des travailleurs, en dehors, autrement dit, des salaires qui sont le produit du travail nécessaire, tout le reste provient de la plus-value, c'est-à-dire du surtravail. Evidemment, le capitaliste « qui extrait directement de l'ouvrier du travail non payé et fixé dans des marchandises....., n'en reste pas le dernier possesseur. Il doit, au contraire, la partager en sous-ordre avec d'autres capitalistes. La plus-value se scinde donc en diverses parties, en fragments qui échoient à diverses catégories de personnes et revêtent des formes diverses..... Mais ce fractionnement ne change ni la nature de la plus-value, ni les conditions dans lesquelles elle devient la source de l'accumulation » (1).

Si la reproduction et l'accumulation ont ainsi, aujourd'hui, comme la production, le surtravail à leur base, pas plus que celle-ci, elles ne conserveront cette base, lorsque le caractère de capital de la plupart des moyens de production aura disparu, et, avec lui, la distinction qu'il implique entre travail nécessaire et surtravail. Et, non seulement c'est là ce qui résulte de l'interprétation

(1) *Idem*, p. 246.

de la théorie de Marx, c'est encore ce que Marx
a explicitement exposé.

On lit, en effet, dans le premier volume du
Capital :

« Celui-ci (le régime capitaliste) supprimé, le
surtravail disparaîtrait, et la journée tout entière
pourrait être réduite au travail nécessaire. Cependant, il ne faut pas oublier qu'une partie du surtravail actuel, celle qui est consacrée à la formation d'un fonds de réserve et d'accumulation,
compterait alors comme travail nécessaire, et que
la grandeur actuelle du travail nécessaire est
limitée seulement par les frais d'entretien d'une
classe de salariés, destinée à produire la richesse
de ses maîtres » (1).

Le passage, il me semble, est catégorique ; il
l'est même tellement qu'on m'a fait observer que
cette netteté était peut-être simplement le résultat
de la traduction française. Je me suis alors reporté au texte allemand, et voici la traduction
littérale du passage essentiel pour la question
qui nous occupe :

« La disparition du mode de production capitaliste permet de restreindre la journée de travail
au travail nécessaire. Néanmoins ce dernier, dans
des circonstances restant, à ceci près, égales,
augmenterait de durée. D'un côté, parce que les
conditions de vie du travailleur seraient meil-

(1) Édition française, p. 228.

leures et les exigences de la vie plus grandes. D'un autre côté, une partie du surtravail actuel compterait comme travail nécessaire, savoir le travail nécessité par la réalisation d'un fonds social de réserve et d'accumulation » (1).

Il n'y a pas, on le voit, possibilité de doute. Le premier volume du *Capital* est formel : le surtravail ne persistera pas sous le mode de production sociale ; toutefois une partie du surtravail actuel deviendra travail nécessaire.

Ici, un nouvel argument m'a été opposé : on m'a renvoyé à un passage du troisième volume du *Capital*, passage dont la traduction a paru dans la *Jeunesse socialiste* (2). Je reproduis la partie intéressante, pour mon sujet, de cette traduction :

« Le surtravail ou travail au delà de la mesure des besoins déterminés sera toujours maintenu. En régime capitaliste tout aussi bien que dans le système esclavagiste, le surtravail est, à la vérité, l'expression d'un antagonisme et supplée à l'oisiveté d'une partie de la société. Mais la prévoyance contre les incertitudes du hasard et l'extension progressive de la production (nécessitée par les progrès de la population et la multiplication des besoins) réclament une certaine quantité de surtravail » (3).

(1) Quatrième édition allemande, p. 492-493.
(2) Numéro de février 1895, p. 105.
(3) Troisième volume du *Capital*, 2e partie, p. 354.

Je répondrai tout d'abord qu'à mon avis cette traduction ne serre pas suffisamment le texte de près et que, justement pour la question envisagée en ce moment, elle laisse peut-être entendre, dans le sens que je crois erroné, plus que ne dit l'original. Je n'insisterai cependant pas là-dessus, parce qu'il me semble évident que le texte allemand lui-même n'a pas la rigueur caractéristique de la forme achevée de Marx. A cela rien d'étonnant, puisque nous savons que cette partie de l'ouvrage, écrite en 1864-65, est restée à l'état d'ébauche. En admettant — ce qui me paraît être le cas ici où la différence est, selon moi, plus apparente que réelle — qu'il y eût vraiment contradiction entre ce passage du troisième volume et le passage que j'ai cité du premier, c'est incontestablement celui-ci qui exprimerait la véritable pensée réfléchie de Marx : publié en 1867 et revu depuis par lui, il a été complètement mis au point voulu, ce que la maladie et la mort n'ont malheureusement pas permis à Marx de faire pour les volumes suivants.

Après avoir, d'une façon générale, expliqué
que le surtravail ne saurait être un phénomène
permanent, j'ai cherché à établir, en citant le
plus possible Marx, que Marx partageait bien
cette manière de voir et ne pouvait être légitimement invoqué en faveur de la thèse contraire
J'ai tenu à faire cette démonstration parce que
l'avis de Marx m'avait été tout spécialement opposé; ma démonstration a-t-elle pour base des
arguments sérieux? Je juge que oui ; mais, lors
même que je ferais erreur sur l'opinion de Marx
en cette matière, je n'en croirais pas moins être
fondé à soutenir, pour les raisons générales indiquées plus haut, qu'il n'y aura ni surtravail, ni
salaire, dans une organisation sociale reposant
sur la socialisation des moyens de production.

Si tout ce qu'a enseigné un homme tel que
Marx, mérite d'être étudié avec le plus grand
soin, on ne doit cependant pas viser à n'être
qu'un disciple servile; moins que tout autre peut-
être, Marx aurait eu de l'indulgence pour une
imitation de ce genre, si contraire à ses propres

procédés d'investigation. Prenons à Marx sa méthode, engageons-nous dans la voie qu'il a le premier et si merveilleusement déblayée ; mais, si modeste que soit notre capacité intellectuelle auprès de celle de ce géant de la pensée, n'abdiquons pas notre droit de penser, nous aussi, par nous-mêmes. Adhérons à ce qu'a dit Marx quand notre intelligence comprend que Marx a raison, et non simplement parce que Marx l'a dit : à l'acte de foi, le théoricien génial du socialisme moderne préférait certainement l'adhésion par raisonnement ou même la critique raisonnée.

Donc, en période socialiste, il n'y aura plus de surtravail, le temps de travail de chacun sera limité au travail nécessaire ; dans ces conditions, la rémunération de chacun ne comportant plus la moindre quantité de travail gratuit, ne sera plus ce qui s'appelle salaire.

Quand on recherche ce que sera cette rémunération ou comment s'opérera la nouvelle distribution des produits, il faut éviter de se placer au point de vue qu'imposent, dans la société actuelle, le mode actuel de distribution et la forme de propriété qui le détermine. Avec un mode de production qui déchaîne en tous ordres une concurrence telle que le bien des uns provient forcément du mal des autres, il y a évidemment tendance à n'apprécier les choses qu'au point de vue personnel ; mais, lorsque les moyens de production seront la propriété commune de la société, de l'ensemble des travailleurs, ce n'est plus dans ce qui sera strictement individuel que résidera par dessus tout l'avantage de chacun. A cet égard, quelle sera la réalité?

La réalité sera que des choses qui ne concernent aujourd'hui que la minorité possédante, revêtiront pour chacun un caractère de nécessité, et qu'il y aura satisfaction pour chacun dans des institutions sociales qui, lorsqu'elles existent, ne représentent aujourd'hui, pour la plupart des gens, que charges sans compensations équivalentes.

N'est-il pas, en effet, de toute évidence que, de même que l'intérêt du capital individuel ou collectif oblige celui-ci à consacrer une partie de la plus-value produite par le surtravail au remplacement de la valeur des moyens de production usés, à la rétribution de frais d'administration, à la constitution d'un fonds de réserve et d'assurance, à l'accroissement de la production, de même ces dépenses s'imposeront à chaque travailleur devenu copropriétaire du fonds social, actionnaire de la grande société? A ceux qui ont les profits du travail, à assumer la charge de la reproduction de ces profits. Ce qui est, à l'heure présente, le cas des capitalistes, concernera, dès lors, demain, l'ensemble des travailleurs.

Devant enfin avoir tous les bénéfices de son travail, le travailleur aura aussi, conformément à la nécessité des faits, à assurer le renouvelle-

ment régulier de ses bénéfices et leur extension.
La nécessité du travail se doublera pour chacun
de la nécessité de se garantir à soi-même la con-
tinuité de ce travail dans les conditions les plus
avantageuses. Dès l'instant que les dépenses énumérées plus haut constitueront incontestablement
pour chacun une nécessité économique, on comprend combien il sera naturel de les incorporer
dans le travail nécessaire. Le transfert au travail
nécessaire de frais incombant actuellement au
surtravail, loin d'être une fantaisie sans fondement, sera donc complètement justifié, il n'y aura
pas là modification arbitraire de dénomination,
le changement de nom ne devant être que la conséquence d'un changement correspondant dans
la réalité des choses.

N'est-il pas évident aussi, d'autre part, que
chacun profitera non seulement de ce qui tombera dans sa consommation individuelle, mais
encore de tout ce qui sera d'un usage commun.
S'il doit y avoir avantage individuel des deux fa-
çons, ne serait-il pas étonnant que le travail de
chacun ne vînt pas contribuer à la réalisation de
tout ce qui sera pour chacun un avantage? Donc,
chacun aura à travailler pour obtenir et ce qui
ne pourra être utile à chaque individu que con-
sommé individuellement par lui, et ce qui, tout
en servant indistinctement à tous, n'en sera pas
moins utile à chacun, comme ce sera le cas des
divers services publics d'hygiène, d'instruction,

d'entretien des incapables de travail (enfants, infirmes, vieillards), etc.

Toutes les dépenses de ces services publics, y
compris, en dehors même du devoir de solidarité qui sortira alors des conditions mêmes de la
vie, celles énumérées en dernier lieu, sont de nature à intéresser directement tout le monde. Or,
du moment que, sous une forme ou sous une autre, la totalité du travail individuel aura son
équivalent en avantages, il n'y aura pas de fraction de ce travail pouvant être qualifiée de surtravail, le caractère essentiel du surtravail étant de
ne procurer aucune compensation à celui qui le
fournit, et, par suite, il n'y aura plus socialement
qu'une espèce de travail, le travail nécessaire.

En fait, sur le produit total du travail social
résultant de l'ensemble des travaux privés organisés, auront lieu les prélèvements nécessités par
le renouvellement des moyens de produire usés,
par les frais généraux d'administration, par le
fonds d'approvisionnement et d'assurance éventuelle contre les accidents météorologiques notamment, par l'extension à donner à la production afin d'accroître le bien-être de tous, par le
coût des divers services publics d'hygiène, d'en-
seignement, d'assistance des incapables de travail, etc. (1) ; pour le reste, les travailleurs des

(1) Voir sur ce point une lettre de Karl Marx publiée
dans la *Neue Zeit*, année 1890-91, 1er vol., n° 18, et dont

deux sexes pourront recevoir des délégations, des bons (1), constatant leur droit à une somme de produits proportionnelle à leur temps de travail.

Une partie de la rémunération future sera, par conséquent, fournie en garanties sociales, en services publics de toute espèce, et une autre partie en objets de consommation personnelle, mais il n'y aura pas de travail sans équivalent, sans avantage direct plus ou moins immédiat, c'est-à-dire qu'il n'y aura pas, je le répète, de surtravail. Et cette complète rémunération du travail social de tous, qui tendra à devenir, sous tous les rapports, à la suite de progrès nouveaux, de plus en plus abondante pour un travail de moins en moins long et pénible, sera en tous points différente du salaire qui implique nécessairement surtravail, et que le surtravail qu'il implique, tend toujours à diminuer.

une traduction française, due à M. G. Platon, a paru dans la *Revue d'Economie politique*, septembre 1894 (page 755).

(1) A cet égard, mon ami Edouard Fortin m'a signalé un passage du deuxième volume du *Capital* (p. 549) où Marx fait, à propos de ces bons, délégations ou mandats, la très importante observation suivante : « Ces bons ne sont pas de la monnaie. Ils ne circulent pas ». Il ne rentre pas dans mon sujet d'insister sur ce point et je me borne à rappeler que la représentation du travail, en régime socialiste, n'aura pas un cours illimité : le premier acte des bons ou mandats sera, en même temps, leur dernier acte. Ils pourront déterminer un déplacement de choses, mais cela seulement, et, une fois le déplacement opéré, ils n'existeront plus

En recherchant la manière d'être de la rémunération future, je me suis attaché à éviter l'emploi d'expressions qui ne concordent pas avec la
réalité des choses. C'est pourquoi je n'ai pas parlé
de « l'attribution à chacun du produit intégral de
son travail ». Cette formule « produit intégral du
travail » qui paraît là signifier quelque chose,
est, dès qu'on l'analyse, comme toutes les expressions de la langue politique ou entre le mot « intégral », privée du moindre sens précis ; il n'y a
qu'à rappeler la critique que Marx a faite très
justement de cette formule, pour en montrer le
vide (1).

« Le produit intégral de son travail à chacun »,
dites-vous ? Alors chacun recevra le produit même
de son travail, à moins, ce qui est probable, qu'il
ne s'agisse que de la valeur du produit. Mais,
même cette correction opérée, le chapitre des confusions reste ouvert ; de quoi est-il question, en
effet ? De la valeur totale du produit ou seulement
du surplus de valeur que le travail a ajouté à la
valeur des moyens de production consommés ?
Le mot « intégral » autorise l'hésitation. Et, si
chaque travailleur reçoit « le produit intégral de
son travail », que recevront ceux qui ne pourront
pas travailler ? Arrêtons-nous là, car il est trop
facile de continuer à accumuler les difficultés que
fait naître la formule en question.

(1) Lettre de Marx déjà citée, traduction française, p.
754-755.

Ou il faut prendre cette formule avec le sens que les termes employés comportent, c'est aboutir à une absence de sens, et la formule pèche par le fond ; ou il faut lui faire dire autre chose que ce que disent les mots qui la composent, c'est admettre qu'on peut se servir des mots sans tenir compte de ce qu'ils signifient, et la formule pèche par la forme. Dans tous les cas, elle est défectueuse et devrait, dès lors, être abandonnée.

En fait, les socialistes français qui font usage de cette formule, n'ont que le tort de donner une forme mauvaise à une idée juste. Ils pensent, avec nous, que pour chacun, en société socialiste, toute fraction de travail dans le domaine de la production sociale, aura son dédommagement, que, dans ce domaine, il n'y aura pas, comme en société capitaliste, de travail gratuit, que la rémunération future, sous son double aspect d'avantages individuels et collectifs, sera pour chacun l'équivalent de tout son travail.

S'il faut reconnaître que c'est là ce que représente aujourd'hui chez nous « l'attribution à chacun du produit intégral de son travail », je prétends qu'on ne devrait plus nous exhiber cette formule pour celle de la rémunération future, parce qu'elle dit très mal ce qu'on a raison de vouloir lui faire dire, et qu'elle oblige ainsi à savoir d'avance ce que pensent ceux qui l'emploient pour comprendre ce qu'ils disent.

TACTIQUE SOCIALISTE

ET RÉVOLUTION

—

LETTRE OUVERTE (1)

*A M. R. Garofalo, baron, conseiller
à la Cour d'Appel et professeur agrégé de
l'Université de Naples.*

Monsieur

A tous les titres que vous énumérez si complaisamment sur la couverture de votre volume publié ces jours-ci en français, *La superstition socialiste,* — on est d'autant plus fier d'être quelque chose, qu'on est plus empêché d'être quelqu'un — le contenu du volume, en prouvant que vous ne les avez vraiment pas volés, établit que vous ne songez nullement à joindre celui de parangon de loyauté.

Si vous vous étiez borné à rapetasser défectueusement de vieilles idées qui ne valaient pas cette

(1) Publiée dans le *Socialiste* du 15 septembre 1895.

peine, il n'y aurait pas eu à s'occuper d'une si
innocente élucubration ; mais vous avez, en outre,
à l'exemple des Jonnart et des de la Berge, emboîté le pas à M. Yves Guyot (1) ; aussi ferai-je en

(1) M. Yves Guyot a, en 1893, dans un de ses nombreux
ouvrages contre le socialisme qui ne s'en porte pas plus
mal, puis dans son journal qui ne s'en porte pas mieux,
donné comme étant de moi une phrase que je n'ai jamais
écrite. A la suite de mon démenti il eut, pour justifier
son faux, recours au mensonge et soutint que, si cette
phrase ne figurait plus dans mon volume, c'est que je
l'avais supprimée après la disparition de la première édition qui, affirmait-il, la contenait. Ayant été mis par moi
dans l'impossibilité de maintenir cette allégation, il se
rabattit sur une phrase que, jusque-là, il n'avait pas songé
à séparer de ce qui la précède et de ce qui la suit, lui
prêtant ainsi un sens qu'en fait elle ne comporte pas.

Tout heureux de cette malpropre petite opération, l'ancien ministre des Chemins de fer du Sud et autres lieux,
le domestique très zélé de l'excellent français, de l' « in-
corruptible », à la mode opportuniste, baron Jacques de
Reinach, qui ne me pardonnera jamais de n'avoir pas
écrit ce qu'il lui a plu de m'attribuer, a voulu se venger,
et il ne se passe guère de jour sans qu'il se venge.

Probablement par affinité spéciale, il s'est inspiré pour
cette vengeance d'un spécimen de la classe animale qui
pratique le vol et produit des chanteurs. En effet, sa vengeance à mon égard consiste à faire le perroquet ; c'est
même pourquoi j'ai refusé une satisfaction à mes fillettes.
Conduites l'autre semaine au Jardin d'acclimatation, elles
admirèrent la collection des perroquets et me dirent :
« Oh ! père, nous en voudrions bien un. » — Ah ! non,
merci, leur répondis-je, ça ferait deux, j'ai déjà Guyot et
c'est assez.

De sorte que, pour le moment, notre ménagerie se com-
pose du chien Patou, du chat Misti et du perroquet Guyot.
Il me faut avouer que les deux premiers sont de beau-

ce qui vous concerne ce que j'ai fait pour votre triste modèle, et relèverai-je les erreurs volontaires par vous commises à mon détriment

Bien entendu, je laisse de côté ce qui n'est de votre part qu'appréciations ridiculement fausses de certaines de nos opinions. Ces appréciations

coup supérieurs au troisième dans l'exécution des choses de leur compétence. Le perroquet Guyot, lui, répète indéfiniment comme doit faire tout perroquet, seulement il répète mal. Par exemple, le 24 juillet dernier, dans le *Siècle* qui lui sert de perchoir, il a prétendu que j' « appelle le jour bienheureux où « on se servira des moyens « que la science met à la portée de ceux qui ont quelque « chose à détruire ». En comparant cette phrase avec la mienne rapportée plus loin, on pourra juger de la perversité de l'animal.

Le rabâchage incessant de la même phrase plus ou moins dénaturée est particulier à Guyot, l'altération des textes est, semble-t-il, commune à tous les adversaires du socialisme.

Avant Guyot, le sénateur Bernard Lavergne avait agi comme lui et fabriqué de toutes pièces une phrase qui, à l'en croire, était de moi. Tout récemment j'ai eu l'occasion de feuilleter le volume d'un M. Boilley, intitulé : « Les trois socialismes ». Si, sous la plume de son auteur, cette trinité diffère de l'autre en ce qu'elle est dépourvue de tout esprit, elle lui ressemble par les erreurs qu'elle renferme. Je suis cité plusieurs fois ; or, de toutes les citations qui me concernent, une seule, vous entendez bien, une seule est véritablement exacte.

Ce parti pris de tripatouillage chez les adversaires du socialisme prouve mieux que toute autre chose combien fréquemment les socialistes sont dans le vrai : leurs contradicteurs doivent modifier préalablement ce qu'ils disent pour pouvoir, avec une apparence de raison, y trouver à redire.

ne pèchent pas, en tout cas, par leur nouveauté, et vous paraissez impuissant à leur infuser une valeur qui leur a originellement manqué et qu'elles n'ont pu acquérir en traînant partout. Quand ils sont intelligents, les adversaires du socialisme, si adversaires qu'ils soient, les dédaignent; ainsi M. Léon Say, il n'y a pas plus de trois semaines, dans le *Journal des Débats* (1), constatait, entre autres choses, que le socialisme n'était pas une chimère irréalisable et qu'il ne se confondait pas avec le brigandage.

Ce que je veux relever ici, ce ne sont donc pas des appréciations, si fausses soient-elles, de nos véritables opinions, ce sont des falsifications d'idées, ce sont des opinions que nous n'avons pas et que vous ne pouvez nous prêter qu'en travestissant en la circonstance ce que j'ai écrit.

Page 248, vous dites en parlant de moi : « Il conseille aux révolutionnaires de se munir de « toutes les ressources que la science met à la portée de ceux qui ont quelque chose à détruire » (donc, explosifs de toute espèce). »

Négligeant pour un instant l'impudente modification que vous avez fait subir à ma phrase et l'incapacité à peu près générale des écrivains bourgeois à orienter convenablement leur critique du socialisme, qui porte le plus souvent à faux, je suis surpris que vous n'ayez pas tourné

(1) Ed. blanche, 10 août 1895,

vos attaques contre ma thèse d'il y a déjà plus de douze ans en matière de révolution. Dans un ouvrage ayant pour titre *La superstition socialiste*, vous pouviez, en votre qualité d'adversaire sans ménagements, être amené à montrer que cette thèse, en quelques-unes de ses parties, n'était que le résultat de la survivance d'anciennes traditions, que le passé s'était à mon insu imposé à moi quand je songeais à l'avenir.

Pour les socialistes comme pour les autres hommes, n'en doutez pas plus que nous, le fonds humain est le même. Et si, au début de son évolution physique, tout individu traverse les principales phases de transformation de la série animale, au point de vue intellectuel, quelle que soit la direction dans laquelle des circonstances particulières engagent la pensée de chacun, les formes passées pèsent sur le cerveau de tous avant qu'il puisse parvenir à les raisonner. C'est pourquoi j'ai été conduit à considérer comme inséparable de toute révolution ce qui n'a été qu'accessoire, et à regarder comme inévitable une nouvelle révolution ainsi comprise.

Ce faisant, j'ai eu tort, je l'ai spontanément reconnu il y a longtemps déjà, et j'ai eu l'occasion d'exprimer publiquement ma manière de voir actuelle à cet égard dans la conférence : « Socialisme, révolution, internationalisme » (1),

____

(1) Voir ci-dessus, p. 72 et suiv.

faite le 27 novembre 1893, à l'Hôtel des Sociétés savantes, avant que les Guyot et consorts m'eussent reproché la phrase dont vous essayez, à votre tour, de tirer malhonnêtement parti.

Mon tort, à un moment, a été de comprendre la révolution de la façon qui était celle de tout le monde et qui est encore trop générale en France. Je n'ai jamais dit plus que M. John Lemoinne dans le passage cité par M. Brunetière, lors de son discours de réception à l'Académie française (1) : « Comme tous les grands problèmes de ce m... e, le problème de l'esclavage sera résolu par le fer et le feu, et Spartacus ramassera encore son droit de cité dans la poussière et dans la cendre des batailles. C'est le prix de toutes les grandes initiations. » Mais j'en ai dit presque autant.

Aujourd'hui, au contraire, je pense — et je ne fais que résumer ici ce que j'ai développé il y a deux ans — qu'une seule chose est essentielle pour caractériser une révolution dans le sens politique habituel du mot, c'est la rupture, sous une pression populaire, de la légalité : je pense que cette rupture peut parfaitement être pacifique, beaucoup plus pacifique même que certaines applications possibles de la légalité; je pense, enfin, qu'il n'y a théoriquement aucun obstacle à ce que

(1) *Journal des Débats,* édition rose, supplément, 2ᵉ col. 15 février 1894.

la conquête du pouvoir politique ait lieu légalement.

En fait s'opérera-t-elle ainsi, c'est ce qu'on ne saurait promettre, je l'ignore et personne n'en sait davantage. Aussi les conjectures ne servent-elles à rien, pouvant se trouver démenties par les événements, et n'y a-t-il pas lieu pour l'instant de se préoccuper, à un point de vue quelconque, de ce qui sera déterminé par des circonstances indépendantes de notre volonté. Mais ce que je sais, c'est que toutes nos révolutions dont le souvenir nous a trop obsédés ou nous obsède trop, n'ont eu, en définitive, pour résultat que de faire passer le pouvoir d'une minorité aux mains d'une autre minorité(1); tandis

(1) « L'histoire a entièrement bouleversé les conditions dans lesquelles le prolétariat doit combattre. La tactique de 1848 est aujourd'hui, quelque application qu'on en fasse, vieillie, et, à cette occasion, c'est un point qui mérite d'être examiné de plus près.

« Jusqu'ici, toutes les révolutions aboutissaient à remplacer la domination d'une classe par celle d'une autre; jusqu'ici, toutes les classes dominantes n'étaient qu'une petite minorité en face de la masse populaire dominée. Une minorité gouvernante était-elle renversée, une autre minorité saisissait à sa place la direction de l'Etat et conformait cette direction à ses intérêts. C'était chaque fois, la minorité préparée et appelée au pouvoir par l'état du développement économique, et précisément à cause de cela, et seulement à cause de cela, il arrivait que la majorité soumise, ou bien était associée aux profits de la révolution, ou se soumettait tranquillement à la révolution. Mais si nous faisons abstraction de l'objet concret de chaque cas particulier, la forme commune à

qu'il s'agit maintenant d'arracher le pouvoir politique à une minorité, à la minorité capitaliste, pour le donner à la masse travailleuse, à la majorité. Ce que je sais, c'est que cela ne peut s'effectuer par un mouvement mené comme autrefois, par la prise de l'Hôtel-de-Ville ou de monuments quelconques, fût-ce l'Elysée.

Il ne suffit pas de saisir le pouvoir par un coup de surprise, en supposant la chose possible, il

toutes ces révolutions était qu'elles étaient des révolutions de minorité. Même quand la majorité y contribuait, elle ne le faisait, consciemment ou non, qu'au service d'une minorité. Mais, par là, ou aussi par l'attitude passive de la majorité, la minorité entretenait l'apparence qu'elle représentait le peuple tout entier.

« Après la première grande victoire, la minorité victorieuse se divisait ordinairement : une moitié se contentait des avantages obtenus, l'autre voulait aller plus loin encore, et formulait de nouvelles prétentions qui, en partie au moins, étaient aussi dans l'intérêt réel ou apparent de la grande masse populaire. Parfois, ces prétentions plus radicales l'emportaient même ; mais plus fréquemment ce succès n'était que momentané. La fraction plus modérée obtenait de nouveau la suprématie et, à la fin, ce qu'on avait gagné était de nouveau entièrement ou en partie perdu. Les vaincus criaient ensuite à la trahison, ou mettaient la défaite au compte du hasard. Mais en réalité les choses se passaient à peu près ainsi : les conquêtes de la première victoire étaient d'abord assurées par le succès du parti le plus radical ; si la nécessité momentanée était atteinte, les radicaux disparaissaient de la scène avec leurs conséquences. » (Fr. Engels, préface de *La Lutte des classes en France 1848-1850*, par Karl Marx, p. 7 ; traduction française publiée par la *Jeunesse socialiste*, août 1895, p. 356-357).

faut le garder et le bien employer. Or, c'est à la majorité de la nation cette fois, ne l'oublions pas, à s'emparer du pouvoir, et c'est à elle-même à l'exercer; c'est à elle à réaliser les réformes qu'elle aura en tête, dont elle aura déjà admis la nécessité. A cette majorité guidée par une même idée, le pouvoir servira efficacement pour mater les adversaires qui auraient la malencontreuse velléité de ne pas se soumettre à ce qui sera la loi; mais une minorité quelle qu'elle soit, eût-elle le pouvoir, serait impuissante à imposer à une majorité qui n'en voudrait pas, la socialisation graduelle, adaptée à leur manière d'être, à leur mode d'exploitation ou de propriété, des moyens de production et l'organisation sociale du travail correspondante. Cette minorité serait vite écrasée, d'autant plus vite écrasée qu'elle aurait plus recours à la violence, et, loin de gagner à une tentative prématurée, l'œuvre socialiste s'en ressentirait fâcheusement pendant longtemps.

Ceux qui pensent autrement et qui, en accusant les autres d'avoir changé, se vantent d'être restés fidèles à la tradition, qui, alors que tout se transforme, croient à l'efficacité immuable des vieux procédés révolutionnaires, sont des attardés réfractaires à la moindre investigation hors de la coquille dans laquelle ils se sont, une fois pour toutes, enfermés. N'avoir pas changé — et, d'abord, depuis quand? — si possible, n'est pas une qualité. Ce qui est blâmable, ce n'est pas de changer, ce peut être le motif du changement ; mais tel n'est pas le cas lorsque le changement sort de l'évolution des faits enfin comprise et, par suite, de l'évolution de l'intelligence mieux informée : la vie d'un homme pourrait être une, quoique ses opinions eussent plus ou moins varié, s'il n'avait jamais obéi qu'à la passion désintéressée de la vérité.

Tout change. Notre tactique ne peut pas plus ressembler à l'ancienne basée sur l'énergie révolutionnaire d'une minorité, que notre socialisme ne ressemble au socialisme de nos pères. De même que notre socialisme ne crée plus, qu'il s'adapte toujours aux faits, que la transformation sociale par nous annoncée suivra l'évolution des phénomènes économiques et ne la précédera pas, de même notre tactique doit consister à attendre le succès de la masse antérieurement acquise au socialisme, et non plus le ralliement de la masse de la réussite préalable d'un mouvement (1).

(1) « Les conditions se sont changées pour la guerre des peuples non moins que pour la lutte des classes. Le temps des coups de main, des révolutions conduites par une petite minorité consciente, est passé. Là où il s'agit d'un changement complet de l'organisation sociale, les masses elles-mêmes doivent en être, elles doivent déjà avoir compris de quoi il s'agit, en quoi elles doivent intervenir. C'est ce que nous a appris l'histoire des cinquante dernières années. Mais pour que les masses comprennent ce qu'il y a à faire, il faut un long et persévérant travail, et ce travail est précisément celui que nous poursuivons aujourd'hui avec un succès qui déses-

Quel que soit le tempéramment héroïque de ceux qui se jugent modestement aptes à commander à la masse, il ne saurait plus être question de la faire marcher. Désormais elle doit marcher d'elle-même; elle marchera d'elle-même quand elle saüra et, pour savoir, il suffit qu'elle apprenne à préciser ce qui est en elle à l'état d'aspirations confuses.

C'est là besogne de propagande ; aussi notre tactique doit-elle se consacrer à recruter des soldats conscients, à grossir les rangs du parti socialiste. Le jour où les élections révéleront à ce parti que le nombre de ses adhérents a atteint un certain chiffre, tout le monde sera fixé, majorité travailleuse comme minorité capitaliste, et le pouvoir — un pouvoir qui reposera sur des bases solides et pourra par conséquent accomplir sa tâche en toute efficacité — ne tardera guère à passer de celle-ci à celle-là d'une façon ou d'une autre, selon les circonstances en face desquelles on se trouvera alors placé, circonstances que personne ne peut dès maintenant indiquer avec certitude et au sujet desquelles il est donc fort inutile de discuter.

Voilà, monsieur, ce que vous auriez très justement pu me reprocher de n'avoir pas suffisamment compris à l'époque où j'écrivais l'*Aperçu*

père nos adversaires.» (Fr. Engels, idem, p. 16 ; traduction française publiée par la *Jeunesse socialiste*, septembre 1895, p. 399).

sur le socialisme scientifique. Vous avez préféré recourir à la falsification de certaines thèses de cette étude ; pour dévoiler votre mauvaise foi, la modification survenue dans ma manière de voir en matière de révolution importe peu, et je ne m'appuierai que sur ce que j'ai exposé dans cette étude même.

Après avoir (1) condamné les « mouvements partiels dus à l'initiative d'individualités, de groupes ou même de villes » et constaté que « la tâche des révolutionnaires n'est pas de déterminer l'heure de la révolution », qu'ils « n'ont qu'à organiser les éléments intellectuels, à recruter l'armée capable de faire tourner à son profit les événements qui s'élaborent », j'ai ajouté — et je reproduis ici le paragraphe entier sans y corriger un mot :

« Les révolutionnaires n'ont pas plus à choisir les armes qu'à décider du jour de la révolution. Ils n'auront à cet égard qu'à se préoccuper d'une chose : de l'efficacité de leurs armes, sans s'inquiéter de leur nature. Il leur faudra évidemment, afin de s'assurer les chances de victoire, n'être pas inférieurs à leurs adversaires, et, par conséquent, utiliser toutes les ressources que la science met à la portée de ceux qui ont quelque chose à détruire. Sont mal venus à les blâmer

____

(1) *Le Capital de Karl Marx, résumé et accompagné d'un Aperçu sur le socialisme scientifique,* p. 58.

ceux qui les forcent à monter à leur niveau, qui, dans notre siècle dit civilisé, président aux boucheries humaines l'ensanglantant périodiquement et s'attachent à perfectionner les engins de destruction » (1).

Tel est le texte exact de la phrase et de ce qui accompage la phrase que, après M. Yves Guyot, vous dénaturez. Qu'implique ce passage ? Il implique, avec un regret personnel indéniable de l'emploi perfectionné de certains engins, que, si on a à se battre, on est pourtant obligé de « monter au niveau » de ses adversaires. J'ai pu me tromper — seulement, cela, vous ne l'avez ni critiqué, ni relevé — en pensant qu'on aura sans métaphore à se battre ; ainsi que je l'ai expliqué tout à l'heure, c'est là le vieux jeu qui ne cadre plus avec les conditions actuelles de lutte et de succès ; toutefois, la nécessité du combat admise, j'ai incontestablement raison, comme ont raison les nations dont les ministères de la Guerre et de la Marine visent à imiter, que dis-je, à surpasser la puissance destructrice de l'armement et, en particulier, des substances explosives, possédés par les autres.

M. Yves Guyot reconnaît que je n'ai parlé que pour l'avenir, mais il imagine que j' « appelle le jour bienheureux où on se servira » des armes, quelles qu'elles soient. Vous, monsieur, vous pla-

(1) *Idem*, p. 58-59.

cez la chose au présent et écrivez que je « conseille aux révolutionnaires de se munir..... d'explosifs de toute espèce ». Qu'on relise mon texte
tel que je l'ai publié et tel que je viens de le reproduire, et qu'on apprécie l'honnêteté de l'une et de
l'autre de ces interprétations.

Page 249, vous prétendez que nous poursuivons
et annonçons entre autres choses le « massacre
des riches », et votre prétexte pour cela est que
j'ai dit du paysan qu'il assisterait « impassible à
l'expropriation des grands propriétaires, et même
à quelque chose de plus, pour le cas où ceux-ci
auraient la maladroite inspiration de faire les ré-
calcitrants ». Dans cette citation, vous mettez en
italiques les mots : « et même à quelque chose de
plus », puis vous ajoutez entre parenthèses :
« promesse suffisamment claire de nouveaux
massacres de septembre ». Votre commentaire
est erroné — nous ne sommes pas de ceux qui ont
pour programme l'imitation servile de la grande
Révolution du siècle dernier — et votre conclusion est une calomnie.

La citation par vous faite est tirée de la page
61 de mon *Aperçu* ; or, page 59, tout en croyant
alors à la nécessité d'une révolution violente
pour la conquête des pouvoirs publics, j'éta-
blissais que la transformation économique, elle,
s'effectuera légalement, que la force ouvrière
« une fois maîtresse du pouvoir politique, fera à
son tour une légalité nouvelle, et procédera léga-

ment à l'expropriation économique ». Le « quelque chose de plus » dont vous tirez des effets dramatiques, ne comporte, par conséquent, que l'application de la loi à qui ne se soumettrait pas de bon gré. Ceux qui violent la légalité courante, n'est-ce pas, monsieur le conseiller à la Cour d'appel? sont punis; ceux qui violeront la légalité nouvelle seront mis dans l'impossibilité de lui nuire. Qu'y a-t-il d'étrange à cela? Voudriez-vous, par hasard, qu'on les récompensât?

Comment, d'ailleurs, oser parler de « massacre des riches » quand, page 62, vous avez pu lire : « Les capitaux ayant fait retour à la collectivité, le capitaliste aura disparu en tant que capitaliste ; *en tant qu'homme*, les moyens de production socialisés seront à la disposition de son activité aux mêmes conditions que pour tous et, comme tous, il touchera la rétribution afférente à son temps de travail. S'il est infirme ou vieux, la collectivité l'entretiendra, comme elle entretiendra largement tous les vieillards et tous les infirmes ». Vous avouerez qu'il serait difficile de les rétribuer ou de les entretenir à la page 62, si, page 61, ils avaient commencé par être massacrés.

Ma démonstration est achevée et votre improbiténe peut plus faire doute pour personne. J'aurais terminé si la forme dans votre ouvrage valait mieux que le fond ; mais il n'en est rien, et il me reste à ce sujet une observation à vous adresser.

Lorsque vous me nommez, vous dites « Gabriel Deville » ou « Deville ». Cette façon de parler, de mise seulement à l'égard des personnes d'une très grande notoriété, ne peut être en ce qui me concerne que la conséquence de l'impolitesse professionnelle de la magistrature. Quand vous êtes sur votre siège, on est bien obligé de supporter des tournures de langage auxquelles je n'aurais rien à objecter si elles étaient absolument les mêmes pour tous sans exception. Ici vous ne siégez pas, et, la différence que sur votre siège vous faites entre les classes, je veux la faire moi aussi ; ce que je trouve tout naturel de la part d'un coreligionnaire, je ne puis le permettre à un baron en exercice, à un conseiller de basse-cour d'appel hors de son comptoir :

— Garofalo, à bas les pattes ; moins de familiarité et un peu plus de tenue, s'il vous plaît, mon garçon.

Paris, le 2 septembre 1895.

FIN

INDEX

ALPHABÉTIQUE ET ANALYTIQUE DES MATIÈRES

A

ANTISÉMITISME. — L' — vient des réactionnaires d'Allemagne, 207 note, 208 note.

— Si l' — s'attaque aux capitalistes juifs, il défend le capital, source d'exploitation de la masse, 207 note, 208 note.

— Voulant la masse toujours exploitée, mais au profit seulement des capitalistes catholiques, l' — combat surtout le socialisme, 207 note.

ATTENTATS. — Contre les —, 74, 79, 244.

C

CAPITAL. — Ce qu'est le —, 24, 25, 177.

— Le — industriel, conditions de son apparition, 25.

— Le — a eu son utilité et a été source de progrès, 27.

— Le rôle historique du — touche à son terme, fin du —, 33, 209.

— L'expropriation du — sera aussi légitime et aussi

D

E

F

H

Internationalisme *(suite)*. — L' — de la religion catholique,
xxxv.

 — L' — de l'antisémitisme, 207 note, 208 note.
 — L' — de la science, xxxv, 83.
 — L' — de l'art, xxxvi, xxxvii.
 — L' — des idées, xxxvii, 83 et note.
 — L' — de la charité, 83 note.

J

Justice. — L'esprit de — proscrit seulement comr
preuve scientifique, est admis comme mobile d'action, 6.
 — L'esprit de — n'a pas été la cause du progrès,
165, 169.
 — L'observation désintéressée des possibilités matérielles autorise à l'heure présente une notion supérieure de la —, 171.

L

Légalité. — Comment la — est respectée par les diri-
geants qui veulent en imposer le respect aux autres,
108 et note.
 — Rien théoriquement ne s'oppose à ce que le socialisme triomphe sans sortir de la —, 236.
 — La rupture de la — pourrait s'imposer aux socialistes sans qu'ils y fussent volontairement pour rien,
73, 74, 75, 184, 237.
 — La rupture de la — dépend non des opinions mais
des situations, 77, 184, 237.
 — La rupture de la — peut être pacifique, 75, 236.
 — Tant que des événements ne leur imposeront pas
la rupture de la —, les socialistes doivent se borner à l'action pacifique et légale, 76, 90, 184.

M

Q

R

T

INDEX

ALPHABÉTIQUE DES PERSONNES CITÉES

A

B

J

Jaurès (Jean), XVI, 65, 85, 164, 165.
Jonnart (Célestin), 43, 57, 59, 61, 66, 67, 84, 232.

K

Kant (Emmanuel), XXIX, 3.
Kautsky (Karl), 15, 53, 54, 55, 6.

L

La Berge (A. de), 232.
Labriola (Antonio), 10, 53, 63.
Lacroix (Sigismond), 77.
Lafargue (Mme L.), XIII, 3, 42.
Lafargue (Paul), V, 165.
Lassalle (Ferdinand), 128.
Lavergne (Bernard), 47, 48, 233.
Lavoisier, 43.
Lemaître (Jules), 12, 68.
Lemoinne (John), 236.
Le Play, 19, 67.
Leroy-Beaulieu (Paul), XXXI, 33, 123.
Liebknecht (Wilhelm), XXXIV.
Littré (E.), 12.
Louis XIV, 175
Luzzati, XXXII.

M

Malon (Benoît), XX, XXI, XXII, XXIV, XXV, XXVI, XXVII, XXVIII.
Miadat-Grancey (L. de), 123, 130.

Z

TABLE

PARIS. — IMP. V. GIARD & E. BRIÈRE, 16, RUE SOUFFLOT

A LA MÊME LIBRAIRIE

BIBLIOTHÈQUE SOCIALISTE INTERNATIONALE
(SÉRIE IN-18)

I. **Deville (G.).** — *Principes socialistes*, 1898, 2ᵉ édit. Un vol. in-8. 3 50

II. **Marx (Karl).** — *Misère de la Philosophie. Réponse à la philosophie de la misère de M. Proudhon.* 1896. Un vol. in-18............ 3 50

III. **Labriola (Antonio).** — *Essais sur la conception matérialiste de l'histoire.* 1897. Avec préface de G. Sorel. Un vol. in-18.,........ 3 50

IV. **Destrée J. et E. Vandervelde.** — *Le Socialisme en Belgique.* 1898. Un vol. in-18.. 3 50

(SÉRIE IN-8)

I. **Webb (Béatrice et Sydney).** — *Histoire du Trade Unionisme.* 1897. Un vol. in-8 .... 10 »

LE DEVENIR SOCIAL

Revue internationale d'économie, d'histoire et de philosophie
Paraît tous les mois en un fasc. de 96 pages gr. in-8

Abonnement annuel : France... 18 fr. | Union postale.................. 20 fr.
La première année (1895), 1 fort volume gr. in-8............ 13 50
La deuxième année (1896), 1 très fort volume gr. in-8....... 18 »
La troisième année (1897), 1 très fort volume gr. in-8....... 18 »,

Ont été déjà publiés dans cette revue, des articles de :

MM. Edward Aveling, j. David, Ed. Fortin, Ch. Bonnier, K. Kautsky, Gabriel Deville, Antonio Labriola, T. Plekhanoff, Paul Lafargue, L. Hérillier, A. Tortori, Ad. Zerboglio, G. Sorel, Bened. Croce, Kovalewsky, Issaieff, Arturo Labriola, P. Lavroff, G. Platon, G. Salvioli, Conrad Schmidt, E. Bernstein, E. Vandervelde, Enrico Ferri, Revelin, etc., etc.

Einandi (L.). — *Les formes et les transformations de l'Économie agraire du Piémont.* 1897. Une broch. gr. in-8 .... 1 50

Engels (Fr.). — *La force et l'économie dans le développement social.* 1897. Une broch. gr. in-8................................... 2 50

Ferri (Enrico). — *Socialisme et Science positive (Darwin, Spencer, Marx).* 1896. Un vol. in-8.. 4 »

Issaieff (A.). — *Aperçus sur le présent et l'avenir de l'état économique de la Russie.* 1897. Une broch. gr. in-8 .... 2 »

Kovalewsky (M.). — *Coup d'œil sur l'évolution du régime économique et sa division en périodes.* 1897. Une broch. gr. in-8.......... 1 »

Lafargue (P.). — *La fonction économique de la Bourse.* 1897. Une broch. gr. in-8 .... 1 50

Lavroff (P.). — *Le Progrès. — Théorie et pratique.* 1895. Une broch. gr. in-8.. 2 »

Lavroff (P.). — *Quelques survivances dans les temps modernes.* 1897. Une broch. gr. in-8.. 3 50

Lazare (B.). — *Histoire des doctrines révolutionnaires.* 1896. Une broch. gr. in-8.. 0 50

Marx (Karl). — *Critique de la Philosophie du droit de Hégel.* 1896. (Épuisé)

Marx (Karl) et Fr. Engels. — *Manifeste du parti communiste.* 1897. Une broch. in-18... 0 20

Platon (G.). — *Le Socialisme en Grèce.* 1895. Une broch. gr. in-8.. 3 50

Salvioli (G. — *La Nationalisation du sol... agne.* 1897. Une .... 1 »

Vandervelde broch. in ... que. 1897. Une 0 20

Vandervelde 1896 sur ... elge du 15 juin in-8........... 1 50

Virgilii gr. in-8. ... 897. Une broch. .... 1 »

Virgilii gr. in-8 ... 897. Une broch. .... 1 »

www.ingramcontent.com/pod-product-compliance
Ingram Content Group UK Ltd.
Pitfield, Milton Keynes, MK11 3LW, UK
UKHW021012140726
13695UKWH00001B/208